الكود من الله

All inquirers should be addressed to:

Book Domain LLC.
543 E Louise Dr Phoenix, Az 85050

Ordering Information:
Amount Deals. Special rebates are accessible on the amount bought by corporations, associations, and others. For points of interest, contact the distributor at the address above.

Printed in the United States of America.

ISBN-13   Paperback   978-1-967903-73-3
           eBook   978-1-967903-72-6

الكود من الله

ABID SHAKIR

BOOK DOMAIN LLC

محتويات

قد يكون بعض التعليقات الواردة في هذا المنشور
متكررة؛ والهدف من التكرار هو تعزيز فهم القارئ.

مقدمة

يستند هذا المنشور إلى فهمي وسعيّي للنمو كشخص، كمسلم، وللوصول إلى فهم عالمي في ظل تعاليم الإمام محمد بن عبد الوهاب الدين. على مدى ثلاثة وثلاثين عامًا، توصلتُ إلى فهمٍ عميقٍ للمعرفة الكونية وقيمتها في التطور البشري، وكيف أن ثقافتنا وكتبنا المقدسة الأولى مبنية على هذه المعرفة، سرًا وعلانيةً. وبصفتي طالبًا للإمام، نشرتُ خمسة كتبٍ على أمل مساعدة الآخرين على فهم قيمة هذه المعرفة بشكل أفضل، وفهمٍ أعمق لعمق المعرفة المُنزلة من حيث صلتها بالثقافة العالمية. يُعد هذا المنشور مراجعةً وامتدادًا لهذا المسعى.

قد يكون بعض التعليقات الواردة في هذا المنشور متكررة؛ والهدف من التكرار هو تعزيز فهم القارئ.

"BUSINESS"

ANGELS

AND THE

NATURAL LAW
OF
JUSTICE

By Abid Shakir

الأعمال والملائكة وقانون العدالة الطبيعي

عن نفسي

عندما كنت مراهقًا، كنت أرغب دائمًا في امتلاك عملي الخاص، لكن لم تكن لدي أي فكرة عن كيفية البدء.

بعد تخرجي من المدرسة الثانوية عام ١٩٦٦، عملت بحارًا تجاريً لمدة عامين ونصف. في عام ١٩٦٩، التحقتُ بالجيش الأمريكي، حيث خدمتُ لمدة عامين؛ قضيتُ عامًا واحدًا في فيتنام كجندي مشاة. بعد خدمتي العسكرية، حصلتُ على وظيفة قيادة شاحنات مقطورة لمسافات طويلة. خلال تلك الفترة، راودتني رغبة مستمرة في امتلاك مشروعي الخاص. ظننتُ أنني بحاجة إلى مبلغ كبير من المال للبدء، لكنني أدركتُ لاحقًا أن الأمر ليس كذلك.

في أحد الأيام، بينما كنت متوقفًا عند إشارة مرور حمراء، رأيتُ أخًا شابًا يعبر الشارع أمامي. كان أنيقًا جدًا، يرتدي بدلةً وربطة عنق. كان يحمل في يده جرائد، وفي اليد الأخرى لوحة عرض عليها أقراط للبيع. جلستُ أشاهده وهو يقترب من الزبائن باحترافية. تغيرت الإشارة، واضطررتُ إلى المضي قدمًا.

بعد حوالي شهرين، بينما كنتُ في طريقي إلى منزل جدتي، وقبل أن أنعطف إلى الممر مباشرةً، رأيتُ أخًا صغيرًا يسير في الشارع باتجاهي، يرتدي معطفًا أبيض طويلًا خاصًا بجزار اللحوم، وقميصًا أبيض، وربطة عنق بيضاء، ويحمل صناديق أسماك مجمدة. دخل إلى ممر جدتي قبلي. نزلتُ من سيارتي، وسرت ببطء، وتبعته إلى المنزل. وقفتُ بهدوء وراقبته وهو يبيع لها السمك باحترافية. وبينما كانا يتحدثان، أدركتُ أن جدتي زبونة دائمة، وأدركتُ أيضًا أنني لستُ بحاجة إلى الكثير من المال لبدء مشروع تجاري.

بالتفكير الإبداعي وقليل من المال، يمكنك بدء مشروع تجاري. عندما انتهى الأخ من بيعه، التفت إليّ ودعاني لزيارة معبد المسلمين. قبل أن أقبل، قبلت جدتي بالنيابة عني. رأيت

في عينيها أنها تريدني أن أكون مثل هذا الأخ، لأنني اكتسبت عادات سيئة أثناء خدمتي في الجيش، وخاب أملها بي. قبلت عرضه يوم الأحد التالي. جاء يوم الأحد، وكنت مستعدًا.

وصل الأخ مايكل في الموعد. عندما اقتربتُ ودخلتُ المعبد، شعرتُ وكأنني دخلتُ عالمًا جديدًا كليًا. أدركتُ فورًا أنني بين إخوة شجعان واثقين يؤمنون بالعمل من أجل الذات. شعرتُ بشعورٍ رائع، لكن الأفضل لم يأتِ بعد.

في أواخر عام ١٩٧٥، بدأتُ أستمع إلى صوت الإمام وارث الدين محمد. كان اسمه آنذاك القس والاس د. محمد. كانت تعاليمه ومفاهيمه فريدةً من نوعها. علّمني عن أهمية الصلاة، وأهمية المعرفة الراسخة، وأهمية التوازن، وأهمية الوعي الأخلاقي في العمل. كما علّمني عن التفكير الحر، والرؤية الروحية، وغير ذلك الكثير. شعرتُ بالراحة والسكينة.

بدأت ببيع جريدة محمد يتكلم يومياً:
من تلك التجربة، تعلمتُ فن البيع. بدأتُ ببيع ثمانية أشرطة تسجيلات، وحقائب يد نسائية، وسراويل جينز خلال النهار،

7

وواصلتُ عملي الليلي في قيادة الشاحنات. كان الأمر صعبًا لأنني لم أكن أنام إلا لبضع ساعات بين كل عمل وآخر. وبينما كنتُ أقود الشاحنة ليلًا، كنتُ قادرًا على الاستماع والتأمل في تعاليم الإمام محمد. منحتني تعاليمه منظورًا جديدًا تمامًا للدين والأعمال والحياة بشكل عام. لاحقًا، تمكنتُ من شراء قطعة أرض تجارية صغيرة، لكنني لم أتمكن من الحصول على قرض تجاري. بعد عشر سنوات، تمكنتُ أنا وزوجتي من سداد ثمن العقار وبناء فندق صغير، وهو الآن في وضع جيد جدًا.

موتيل شاكر الاقتصادي

مقدمة

سيُبرز هذا المنشور أهمية الأعمال التجارية في رفاهية الفرد والمجتمع. كما سيشرح كيف تلعب القوى الطبيعية (الملائكة) دورًا حاسمًا وداعمًا في عالمنا، وكيف تحكم القوانين الطبيعية الوجود البشري وتدعمه. في هذه المحاولة، سأستخدم خبراتي الشخصية في مجال الأعمال والحياة بشكل عام لشرح وإثبات أهمية الأعمال التجارية للتنمية الشخصية والمجتمعية؛ وسأشرح لماذا أعتقد أن الصلاة والتخطيط والصبر والمثابرة تُعين في هذا المسعى.

عمل

المهنة أو التجارة التي يمارس فيها الشخص تعاملات تجارية أو صناعية أو مهنية؛ شراء وبيع السلع والخدمات.

إن الأعمال التجارية هي القوة الدافعة الرئيسية لتقدم المجتمع ونموه: فهي تصل إلى الجميع في شكل ما.

لطالما حفّز دافع التجارة والربح العقول وأوجد رواد أعمال لآلاف السنين. خلال تلك السنين، كان يُساء فهم التجارة آنذاك على أنها خطيئة. التجارة الشريفة والنزيهة من أجل الربح ليست خطيئة.

روي عن رسول الله صلى الله عليه وسلم أنه قال: «التاجر الصدوق الأمين مع النبيين والصديقين والشهداء». فالتجارة حلال ما دامت شريفة.

إن التمتع بالطموح لبدء مشروع تجاري جديد أمر جيد، ولكن قد تكون هناك مشاكل مرتبطة ببدء أي مشروع تجاري. إحدى المشاكل التي يواجهها بعض الناس عند بدء مشروع تجاري هي توقع أن يكون كل شيء سهلاً، وتوقع جني الكثير من المال فورًا. غالبًا ما يبدأ المشروع الجديد ببطء، ويختبر مدى جدارتك بالثمار التي تطلبها منه. قد لا تدرك ذلك، ولكن البداية البطيئة في العمل يمكن أن تكون مفيدة. فالبداية البطيئة في العمل تجبرك على تعلم العمل جيدًا، وتدفعك للمشاركة في عملية نمو طبيعية. تختبر عملية النمو هذه أحيانًا صبرك ورغبتك في النجاح. وقد تنمي أيضًا قدرتك على الاستجابة للمواقف غير المرئية والمعاكسة. هذا التطور مهم جدًا لرجل الأعمال، لأنه مع نمو عملك، يجب عليك النمو للحفاظ عليه.

لقد خُلِقَ هذا العالم من قِبَل الخالق لاختبارنا. ستظل هناك دائمًا مشاكل غير متوقعة ومواقف عصيبة قد تُعيق خططنا. هذه المشاكل تُمثِّل دافعًا لاستبعاد غير القادرين. في أغلب الأحيان، يصبح القادرون أقوى وأكثر مسؤولية وأكثر استعدادًا لمواجهة عقبة الشدائد التالية.

تُظهر الإحصائيات أن أكثر من نصف الشركات الناشئة تفشل خلال السنوات الخمس الأولى من التشغيل. غالبًا ما يُقلل رواد الأعمال الجدد من تقدير العمل والتفاني اللذين يتطلبهما أي مشروع جديد. أحيانًا، قد يكون العمل كطفل حديث الولادة يحتاج إلى الكثير من الرعاية والاهتمام لسنوات قبل أن يتمكن من الوقوف بمفرده والمضي قدمًا. وينطبق المبدأ نفسه، بغض النظر عن حجم العمل. يجب أن يكون لدى رجل الأعمال المسؤول فهم واضح ومفهوم واضح لما يحاول إنجازه. فالمفهوم الواضح يُغني عن التنقل غير الضروري والمكلف، ويُحافظ على سير جميع جهودك في الاتجاه الصحيح، مما قد يكون مفيدًا جدًا خلال المراحل الأولى. شخصيًا، وجدتُ أنه من الأفضل الحصول على دعم احتياطي؛ وظيفة أخرى أو عمل قائم. هذا يُخفف بعض الضغط، ويُمكّنك من تجاوز تلك الأشهر الأولى الصعبة.

مفاتيح مهمة نحو تنمية مسؤولة

الصلاة

التخطيط

الصبر

المثابرة

يمكن أن تكون هذه المفاتيح مفيدة في
.تطوير التفكير الناضج والمسؤول

يجب عليك الدعاء. عليك أن تُدرك أن لا شيء يحدث إلا بإرادة الخالق. الدعاء ضروريٌّ جدًّا. يجب أن نُدرك ونفهم أيضًا أن عالمنا خُلق وفقًا لخطةٍ مُحكمة. لكي ننجو وننجح، يجب أن نُخطط. في معظم الحالات، تنبع الأعمال من

التخطيط الإبداعي وتدور حوله. لا يُمكن الاستهانة بالتخطيط الإبداعي في مجال الأعمال أو التركيز عليه بما يكفي. يجب أن نتعلم أيضًا التحلي بالصبر، لأن التخطيط الناجح في مجال الأعمال غالبًا ما يستغرق وقتًا ليتطور. خلال هذه المراحل من التطور، غالبًا ما نُختبر بالشدائد. تختبر الشدائد قدرتك على المثابرة والتركيز على أهدافك. علينا أن نُدرك أن العمل يمر بعملية نمو طبيعية. عندما ننظر إلى العالم الطبيعي، نرى النمو والتطور. هذا هو المثال الذي يجب أن نقتدي به، كبشر. لا ينبغي أن نتوقع أن يكون كل شيء سريعًا وسهلاً، وكما نريده تمامًا. هذه ليست طبيعة العالم، لذا علينا أن نقبل ذلك ونتعلم أهمية المثابرة. المثابرة توسع الرؤية وتمنح القوة.

الصبر والمثابرة أمران مهمان في مجال الأعمال. غالبًا ما يشعر رجل الأعمال بالإحباط لأن الأمور لا تسير بالسرعة الكافية. فنحن لا نرى الصورة كاملة. النجاح الحقيقي لا يقتصر على جمع المال فحسب، بل لا يقل أهميةً عن ذلك تنمية المجتمع، بالإضافة إلى الخبرة المكتسبة خلال النضال الشريف من أجل الثروة المادية.

في كثير من الأحيان، إذا حصلت على المال بسرعة وسهولة، فقد يعمل ذلك ضدك، وقد يُعيق تطورًا داخليًا أكثر أهمية. يمكننا أيضًا أن نتعلم الكثير من خلال ملاحظة وفهم محيطنا الطبيعي. إحدى الملاحظات هي الأنماط الطبيعية لعالمنا. غالبًا ما تنعكس الأنماط الطبيعية في الطبيعة على المجتمع البشري، وهي أنماط تُقدم إشارات إرشادية. عندما ننظر إلى نمط عالمنا، نرى الدوران والتطور. يدور العالم حول الشمس مانحًا إياه الليل والنهار، والشتاء والصيف. هناك درس عظيم نتعلمه من هذا. خالقنا هو الذي يُدير العالم الطبيعي وحياة الإنسان.

يُبدّل بين الصعاب والسهولة ليختبرنا. نرى أيضًا في الطبيعة النمو والتطور على مراحل. عندما يرى رجل الأعمال هذه الأمثلة، يُعزز ذلك قدرته على المثابرة وتحمّل الصعاب. عليه أن يقول لنفسه: نعم، قد تكون حياتي صعبة الآن، لكنني أُدرك عدالة الخلق، لذا سأصبر لأني أعلم أن الربيع قادم.

لكن لا تخطئ فهمي؛ فالمثابرة لا تعني مجرد الجلوس في مكان واحد، انتظارًا لحدوث شيء ما. المثابرة تعني مواصلة الكفاح والعمل نحو أهدافك. يقول الله (الخالق): "ليس للإنسان

إلا ما اكتسب". ويقول الله تعالى في القرآن الكريم: "ومن أوتي الكثير طُلب منه الكثير". نحن البشر نخطئ أحيانًا بتوقع الكثير وإعطاء القليل. ما نحتاج إلى فهمه هو أن المعايير ثابتة لا تتغير، وأن التقدم غالبًا ما يعتمد على التضحية. لذا، عندما تدرك في هذا العالم أن عليك أن تكسب طريقك، فلا تعيقك التمنيات. أنت تعلم أنه لكي تنجح في العمل والحياة بشكل عام، يجب أن تكون مستعدًا للعمل الجاد وتقديم التضحيات. يجب أن تثق بعقلك الإبداعي ومبادرتك، ولا تخشَ ارتكاب الأخطاء. يجب أن تعتبر أخطائك خطوة إلى الأمام وجزءًا من عملية التعلم. يجب عليك أن تعرف وتفهم أهمية المبادرة، لأن غياب المبادرة هو أحد العناصر التي توقف تقدم الكثير والكثير من الناس. قد يُعيق الخوف من الفشل وعدم الثقة بتفكيرهم الإبداعي انطلاقتهم في مجال الأعمال. عليكَ بالدعاء والتخطيط والصبر وتعلم المثابرة لتحقيق النجاح. هذه العناصر هي رحم النجاح، فلا تيأس أبدًا من النجاح. مع أنها قد تكون عملية تعلم، إلا أنك ستواصل المحاولة، لأن الأمر غالبًا ما يكون مجرد دعاء وتخطيط وصبر ومثابرة ووقت.

17

لقد خلق الله تعالى الإنسان ليكون أقوى مخلوق في الكون، بقدرته على التفكير والاستجابة والتكيف مع المواقف غير المتوقعة في الحياة اليومية وفي العمل. يجب أن تكون قادرًا على الاستجابة بعقل مبدع ونشط. واعلم أنك قد وُهبتَ هذه الأدوات لحل المشكلات، فلا تتردد في الثقة بها واستخدامها.

الملائكة

القوى في العالم الطبيعي التي يستخدمها خالقنا لتنفيذ إرادته.

في القرآن الكريم، يتحدث الله تعالى عن الأدوار المتعددة لملائكته، ومن أهمها دور جبريل، الملاك الموكل إليه بإنزال الوحي على قلوب وعقول أنبيائه. وميكائيل، الملاك الموكل إليه بإلهام البشر. كما يتحدث الله تعالى عن الملائكة هاروت وماروت، وهما الملائكتان المستخدمتان لاختبار نوايا البشر، وهما ملائكة الابتلاء. وفي القرآن الكريم، ذُكرت الملائكة بالآلاف، وكيف استخدمهم خالقنا لتنفيذ مشيئته. لذا، عند التفكير في الملائكة ووظيفتهم في الخلق، يجب علينا أولًا أن نتخلى عن تلك الفكرة البديهية التي تعلمناها في مدارس الأحد الابتدائية. لنبدأ بالعودة إلى ما قبل خلقنا، عندما أخبر خالقنا الملائكة لأول مرة أنه على وشك خلق الإنسان ليكون حاكمًا

على الخلق، فخضعوا جميعًا إلا واحدًا. يجب أن نوسع مداركنا ونحاول أن ندرك ولو جزءًا يسيرًا من عظمة خالقنا، ووظيفة ملائكته. لكن هناك ميلًا لدى الإنسان إلى اعتبار خلق الملائكة أعلى منه. وحتى الملائكة في البدء شكّوا في خلق الإنسان؛ لكن الله تعالى بدّد هذا اللبس بدعوة آدم. قال له الله: ﴿فَأَنْبِئْهُمْ بِأَسْمَائِهِمْ﴾. فلما أنبأهم آدم بأسمائهم، سجدوا جميعًا إلا واحدًا.

على الإنسان أن يتذكر ويفهم أن الله فضّله على سائر الخلق. فقد وهب الله الإنسان هبةً خاصة؛ فقد وهب الله تعالى للإنسان شيئًا من روحه، هبةً لم تُمنح لأي مخلوق آخر، حتى الملائكة. وقد رُزق الإنسان بالرحمة، والقدرة على التفكير، وحرية الإرادة.

للملائكة أشكالٌ متعددة؛ منها التنوير، والإلهام، والصوت، والجاذبية، والبصر، وأحيانًا على هيئة رجال ونساء يؤدون أعمالًا صالحة في مواقفَ جوهرية. قد لا يدرك الشخص المُستخدم كملاك أنه يُستخدم في تلك اللحظة بصفته ملاكًا. للملائكة أشكالٌ متعددة؛ المطر، والحر، والجفاف، والمرض، إلخ... خُلقت هذه الملائكة وأُمرت من قِبل الخالق لخدمة مشيئته في الخلق. قد تعمل ضدك أو لصالحك حسب قلبك ونواياك.

الإنسان، بكل حريته، لا يزال خاضعًا لقانون الطبيعة. غالبًا ما يخطئ الإنسان في الاعتقاد بأنه يستطيع ارتكاب الخطأ والإفلات منه. يغفل عن وجود قوانين طبيعية في الخلق تمنعه. قوانين تُفرض من قِبل الملائكة. يغفل عن أن الخلق واحد، وأن أوامره النابعة من قلبه وأفعاله قادرة على استدعاء ملاك. قد يأتي هؤلاء الملائكة بأشكال متعددة، أوقات عصيبة، أوقات جيدة، مرض، مطر، ريح، حرارة، جفاف، إلخ. قد يخدمونك أو يعملون ضدك، حسب نيتك وأفعالك، ولكن لمجرد أن الملاك قد يبدو غير ملائم في بعض الأحيان، لا يعني دائمًا أنهم يعملون ضدك. في بعض الأحيان، تخدمك المشقة. إنها تنمو وتُطور صفات قد لا تتطور لولاها. في كثير من الأحيان، إذا واجه شخص أو أشخاص مشقة، فإنها تجعلهم أقوى. يجب أن نحترم ونفهم القوانين الطبيعية التي تحكم الخلق. قوانين تُطبّقها الملائكة. قوانين تُفضي إلى الرخاء أو الفشل، حسب الأفعال والنوايا. لا يجب إغفال الملائكة، فهم موجودون، ويلعبون دورًا بالغ الأهمية في حياتنا، ويُساعدوننا على النجاح أو الفشل. علينا أن نتذكر أن من بين الملائكة كان هناك شخصٌ ليس بملاك. من لم يستسلم. من خُلِق في منطق جاف، ولم يُدرك عجزه عن التفكير واتخاذ القرارات دون صفة الرحمة. من كان مُتكبِّرًا ومُتَكَبِّرًا، وتجرَّأ على التشكيك في قرار الله

بجعل الإنسان تاجًا للخليقة. وعندما لم يستطع تحقيق مبتغاه، طلب من الخالق مهلة، ونذر أن يقف في طريق الإنسان، وأن يُوقعه في شباكه، وأن يُقرِّبه من كل جانب، وأن يُصوِّر الباطل حقًا والحق باطلًا. اسمه إبليس. تذكره لأنه لا ينساك أبدًا.

لقانون الطبيعي للعدالة

القوانين التي وضعها خالقنا للحماية والحكم.

القانون الطبيعي للعدالة

للبدء، علينا أن نفهم أن الخلق قائم على قوانين عديدة ويحكمها. أحدها قانون القصاص. هذا القانون من أهم القوانين التي تحكم نية الإنسان وأفعاله. قانون القصاص قانون راسخ الجذور في العدالة، قانون ينص على "لك ما تعطي". قانون ذو صلة بكل جانب من جوانب الأعمال والمساعي البشرية؛ ولكنه في الوقت نفسه قانون غالبًا ما يتم تجاهله لأنه في معظم الأحيان لا يُحترم أو يُؤخذ في الاعتبار عند اتخاذ قراراتنا بالسرعة والأهمية التي يستحقها. ولكن، إذا أدركنا مدى دقة هذا القانون وارتباطه بالأفعال البشرية، فسنتحقق من كل كلمة تنطق بها، وكل نية تحكم أفعالنا، لأن كل كلمة قد تكون كلمة ضد نفسك. وكل نية وراء الفعل قد تكون جسرًا أو فخًا ضدك. قانون القصاص هو قانون يجب احترامه ومراعاته في جميع الأوقات عند اتخاذ قراراتنا.

في القرآن الكريم، يقول الله تعالى إنه خلق هذا الكون لغايات عادلة. هناك قوانين طبيعية للحقيقة والعدل (الواقع) يجب علينا احترامها ولا مفر منها. علينا أن ندرك أن ملايين البشر عاشوا وماتوا وفقًا لهذه القوانين لآلاف السنين، ولن تتغير لتناسب رغباتنا الفردية. علينا أن نتعلم أن نعيش وفقًا لهذه القوانين ونحترمها، قوانين العدل والتوازن، لنحقق النجاح الحقيقي. من يتجاهل قوانين العدل الطبيعية في الخلق قد يواجه أوقاتًا عصيبة دون أن يدرك السبب. عندما يتجاهل فرد أو حكومة قوانين العدل الطبيعية في تعاملها مع الآخرين، سواء كانت حكومة أو فردًا أو أيًا كان، فقد يتعرضون للمعاناة. هناك حكام في هذا العالم يعتقدون أنهم يستطيعون تجاهل وإساءة معاملة الإنسان البسيط، ومع ذلك يسعون جاهدين وينجحون. إنهم يفشلون في إدراك أن هذا ليس طبيعيًا. إنهم يفشلون في فهم أن خلقنا كله وُلد من العدل والتوازن، وبنيت عليه.

كيف يمكن لرجل أن يسيء معاملة قدميه ويؤذيها ولا يزال يتوقع أن يتمتع بالقدرة على الحركة والتوازن الجيدين؟

25

لقد خلق الله تعالى هذا الكون لغايات عادلة. هناك قانون طبيعي للعدل متأصل في أساس الحقائق التي تحكم هذا الكون. لا يوجد عمل بلا أجر، ولا عمل صالح بلا جزاء. قد لا يأتي الخير كما نتوقعه أحيانًا، ولكن لكل ذرة من العمل أو العمل الصالح أثرٌ في كيانك، يُنمّي وينمي بنيتك البشرية.

هناك أناس في هذا العالم سيجعلونك تصدق أن الخرافات والمقامرة والتفكير المخيف يؤدي إلى النجاح؛ وسيدعونك إلى الخلط بين التفكير المخيف والدين (وهذا خطأ). قيل لي أن هناك من يستطيعون خداع العقل بأشياء وأفعال تبدو مستحيلة. لكنني أقول لك إن طريق النجاح للبشرية هو الله والمسؤولية اليومية. لا يهمني إن كان لدى شخص ما القدرة على رفع عشرة آلاف جسد في الهواء أو كان قادرًا على التحدث إلى الموتى عشرة آلاف مرة في اليوم، فلا شيء من هذا القبيل يساعد أو يدعم التقدم البشري والتنمية مثل الثقة في الله والإيمان بملائكته واحترام قوانينه والقدرة على التعامل مع المسؤولية اليومية. عندما تتوقف هذه العشرة آلاف جثة عن الطيران، فإنها ستحتاج إلى طعام للبقاء على قيد الحياة. طعام من مزارع، شخص يفهم قيمة المسؤولية؛ شخص يفهم أهمية

زراعة الأرض؛ شخص يفهم قانون الواقع؛ القانون الذي ينص على أنه للبقاء والنجاح في هذا العالم، يجب عليك احترام القوانين التي تحكمه. قوانين تُكافئ السلوك المسؤول. قوانين تُشكّل عقولنا بمفاهيم التوازن والعدالة من خلال نظام عالمنا. نظامٌ يوحي بالتوازن من خلال التنظيم؛ نظامٌ يتطلب التخطيط والصبر والمثابرة؛ نظامٌ متجذّر في قانون العدالة الطبيعي.

الصبر والمثابرة

القرآن الكريم كاملا سورة الثانية
الآيات 153 و 155 و 156 و 157

يا أيها الذين آمنوا استعينوا .153
مع الصبر والمثابرة
والصلاة إن الله مع الذين آمنوا
.الذين صبروا وتحملوا

تأكد من أننا سوف نختبرك .155
بشيء من الخوف
والجوع بعض الخسارة
في البضائع أو الأرواح أو الثمار
من تعبك) ولكن أعط)

بشرى سارة لأولئك
الذين صبروا وتحملوا

من قال حين ابتلي .156
"مع المصيبة: "لله
نحن ننتمي إليه
"هل عودتنا"

(هم الذين (ينزل عليهم .157
بركات من ربهم، و
الرحمة، و
.إنهم هم الذين يتلقون الهداية

السلام والنجاح.

.القرآن كاملا سورة الثاني الآيات 3،4، و 5

:إلى من يخاف الله

الذين يؤمنون بالغيب

ثابتون في الصلاة

وأنفق من ما

لقد قدمنا لهم ما يحتاجونه

والذين يؤمنون ب

الوحي

أرسلت إليك

وأرسلته قبل وقتك

(و (في قلوبهم

لدينا ضمان

الآخرة.

(إنهم على (الهداية الحقيقية

من ربهم. وهو

هؤلاء الذين سوف ينجحون.

فيتنام 1969 - الفرقة 101 المحمولة جواً

شركة ألفا، الفصيلة الأولى - الفرقة الأولى

كانت فيتنام تجربةً قاسيةً للغاية. الانتقال من شرب
الماء من أكوابٍ نظيفةٍ ومعقمة، والنوم في سريرٍ دافئٍ
ومريح، وجميع المزايا الأخرى المُسلّم بها في أمريكا؛ إلى
شرب الماء من الأرض، وإزالة العلق من الجسم، والبقاء
مبللاً لأيامٍ خلال موسم الرياح الموسمية، كان تجربةً

يصعب وصفها. كان الضغط النفسي أشدّ. كانت فكرة عدم العودة إلى الوطن تشغل بالي دائمًا، إن لم يكن ضميري. فقدان صديق برصاصة قناص بعد لحظات من حديث طويل عن العودة إلى الوطن، جعلني أتساءل إن كنت سأكون التالي. علّمتني فيتنام المعنى الحقيقي للقتال من أجل البقاء.

مشروب ماء بارد.

جندي سابق في جيش فيتنام الشمالية.

عابد ومدين شاكر
مسجد جاكسونفيل

عندما اعتنقتُ الإسلام تحت قيادة الإمام وارث الدين محمد، كانت تلك الفترة الأكثر إشباعًا في حياتي. تعرّفتُ على طريقة تفكير مختلفة تمامًا. كانت تعاليم الإمام حول الأسرة والأعمال والدين والتاريخ وهدفنا في الدنيا، مختلفة تمامًا عما سمعتُه من قبل. كانت بمثابة شرب الماء لأول مرة. استطعتُ الجلوس لساعات خلال بث الأحد الرابع دون تعب. أثارت تعاليمه فيّ رغبةً عارمة في الفهم. أعلم أن هذه التجربة غيّرت حياتي للأفضل.

عائلة شاكر
مسجد جاكسونفيل ١٩٨٢

مؤسسة شاكر

الأيام الأولى من

كانت شركة شاكر إنتربرايزس

تجربة التعلم. واحد

الدرس الذي تعلمته هو

أهمية العرض الجيد

لمبيعات التجزئة.

مؤسسة شاكر

Shakir
ENTERPRISES
JEANS
UNLIMITED
Shakir
ENTERPRISES

JEANS
UNLIMITED
JEANS 15.
2 FOR 25

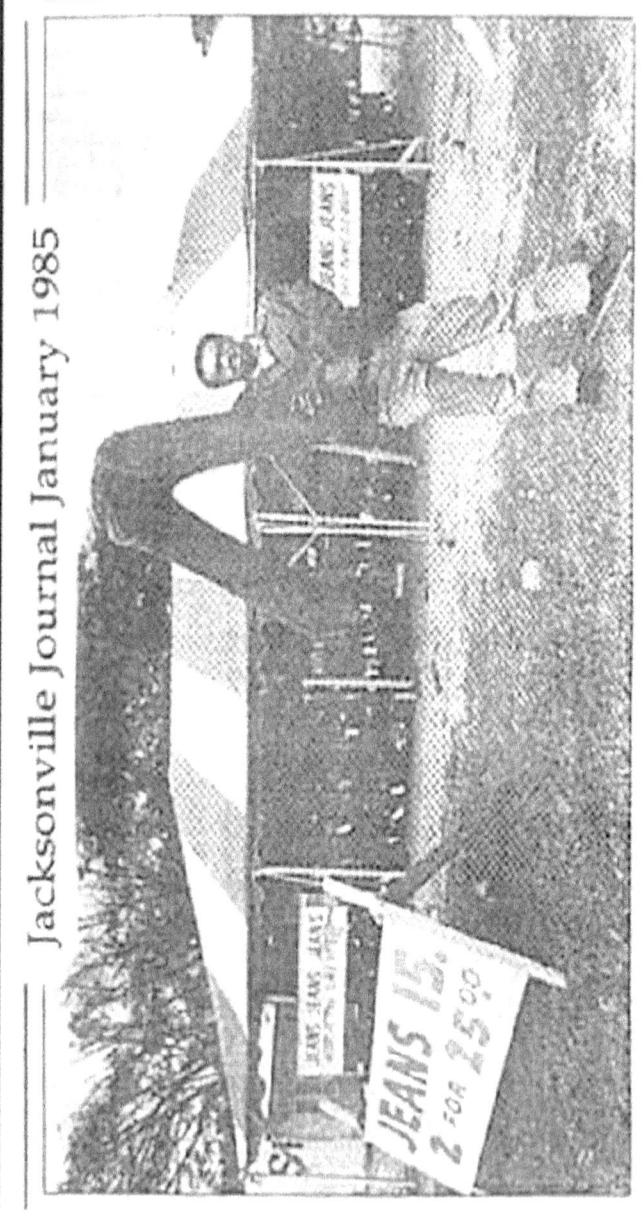

Jacksonville Journal January 1985

CRAIG TRUMBO/staff

Abid Shakir displays some of his wares at the rented tent that houses half of his Shakir Enterprises at Moncrief Road and Edgewood Avenue.

Street peddler is finding

الكود من الله

business fine under tents

Eight years ago, Abid Shakir turned to Jacksonville's streets to drum up a little extra cash.

Today, he has a thriving business aptly named Shakir Enterprises.

Shakir Enterprises specializes in jeans for men and women, but also offers shirts, women's handbags and book bags, jewelry, caps and jackets are added, depending on the season.

"It's more convenient and cheaper to display goods on the street, and I found out that people will stop and buy when they can walk by or ride by and see the items," said Shakir, who owns the business with his wife, Madiene.

For the past six months, Shakir has done most of his business under a rented 20-by-40-foot green and white tent at Moncrief Road and Edgewood Avenue.

But he still operates from his old site on Golfair Boulevard near Norwood Avenue, in an area once used as a parking lot for a department store that went out of business.

Shakir said when he started using tents, he would put them up and take them down every night at both sites. But he has made them permanent now and his profit has tripled, he said.

The tents give people the idea

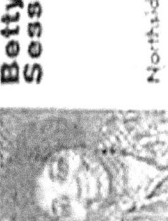

Bettye Sessions

Northside

that the business is going to be around, he said.

"Another thing that helped business was when I started using professionally painted signs to advertise my sales prices," Shakir said.

He tries to stay open from 9:30 a.m. to 7:30 p.m. six days a week and has hired three part-time employees to help Shakir and his wife work with them in the evenings and on Saturdays.

The Shakirs have other, full-time jobs. Shakir, 36, is a truck driver for American Bakeries. His wife is a paste-up artist for the Florida Publishing Co. They have an 11-year-old son, Muhammad.

Shakir started his sidewalk business by selling eight-track tapes. When the tapes became difficult to get, he began peddling handbags

downtown by Hemming Park.

He said he stopped selling downtown because the police kept telling him he could not block the sidewalks and the passageways in the park.

"I made a wooden rack for the handbags and put it on top of my old Nova Chevrolet. I added jeans and kept them in the trunk of my car and started selling at the back entrance to Gateway Shopping Center," Shakir said.

"Then I got a good deal on a Kary-Dodge van in Ocala. I bought the van, brought it back to Jacksonville, added four more racks and moved to the lot on Golfair Boulevard," he said.

In the spring of 1983, Shakir bought a trailer, added five more racks and began selling at the Moncrief-Edgewood corner.

Shakir said Islamic teachings on patience and perseverance have kept him going, he said.

Mrs. Shakir said her husband began talking about starting his own business when they were dating.

"It has been a struggle, but he is a very determined person. His ultimate goal is to be his own boss," she said.

43

فندق شاكر الاقتصادي 1987ر

بدأتُ أفكر في امتلاك فندق صغير خلال سنتي الأخيرة في المدرسة الثانوية، وبعد أحد عشر عامًا، بدأ حلم امتلاك فندق صغير يتبلور. في عام ١٩٧٧، اشتريتُ قطعة أرض تجارية بسعر جيد؛ ولكن نظرًا لقلة خبرتي السابقة في قطاع الضيافة، ولعدم توفر الضمانات اللازمة، لم أتمكن من الحصول على قرض لبناء الفندق. بعد سنوات من محاولاتي للحصول على تمويل دون جدوى، قررتُ البدء في بناء الفندق حتى لو تطلب الأمر بناء حجرة حجرة. وجدتُ مقاولًا عامًا مستعدًا للتعاون معي. دفعتُ للمقاول رسومًا لرسم المخطط واستخراج رخصة البناء. ثم نقلتُ المخططات إلى شركة توريد مواد بناء، حيث التقيتُ بمندوب مبيعات. استطعتُ أنا والبائع مراجعة المخططات وتحديد المواد اللازمة للبناء؛ وهذا لم يشمل مواد البناء. سمحت لي شركة التوريد ببدء نوع من التقسيط؛ سددتُ أقساط المواد لمدة ثلاثة أشهر تقريبًا. ثم نقلتُ المخططات إلى مصنع لتوريد مواد البناء. التقيتُ مجددًا بمندوب مبيعات لمحاولة التوصل إلى اتفاق مماثل للاتفاق الذي تم التوصل إليه مع شركة توريد مواد البناء. فوجئتُ عندما عرض عليّ المصنع ضمانًا لمدة 30 يومًا صافيًا على جميع مواد البناء. كان ذلك إنجازًا هائلاً، خاصةً وأن 70% من البناء كان من مواد البناء.

عندما بدأت شركات التوريد بتسليم مواد البناء، أدركتُ أن هذا ليس مشروعًا هينًا، وأنني كنتُ بحاجة إلى خطة محكمة لمنع تضخم المشروع. كان مشروعي في "جين" يسير على ما يرام. قررتُ أن أفضل طريقة لإدارة المشروع هي بناء سياج أمني حول موقع البناء والتحلي بالصبر. تواصلتُ مع مقاولين فرعيين وشرحتُ لهم وضعي المالي؛ وتوصلنا إلى خطة لدفع ثمن مواد البناء كل أسبوعين، ودفع أجور العمال كل أسبوعين، وقد نجحت هذه الخطة. استغرق البناء حوالي ثلاث سنوات. افتُتح فندق "شاكير إيكونومي موتيل" في سبتمبر/أيلول 1987.

موتيل شاكر الاقتصادي

كان التخطيط الأصلي للمرحلة الأولى من فندق شاكر إيكونومي يشمل التحضير لبناء المرحلة الثانية.

EXCUSE OUR MESS
VACANCY
FREE PHONE CABLE

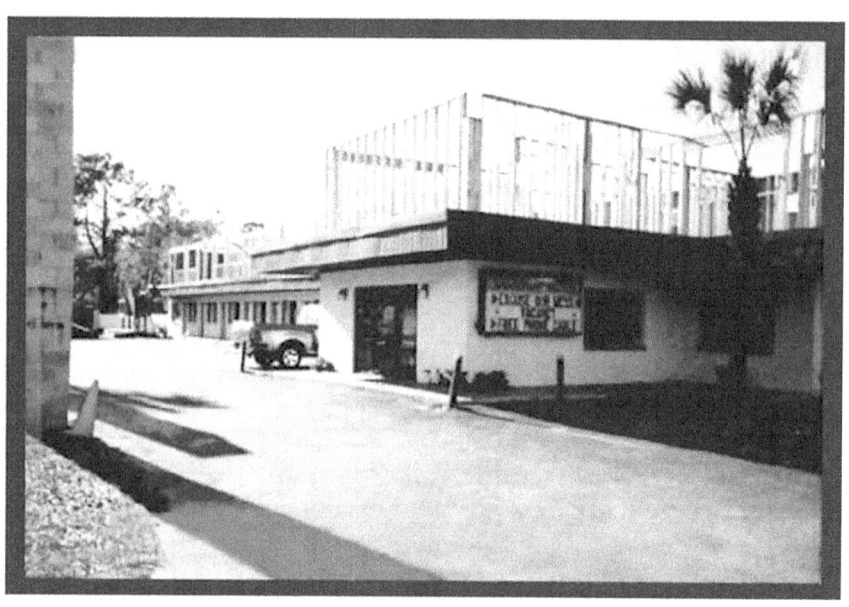

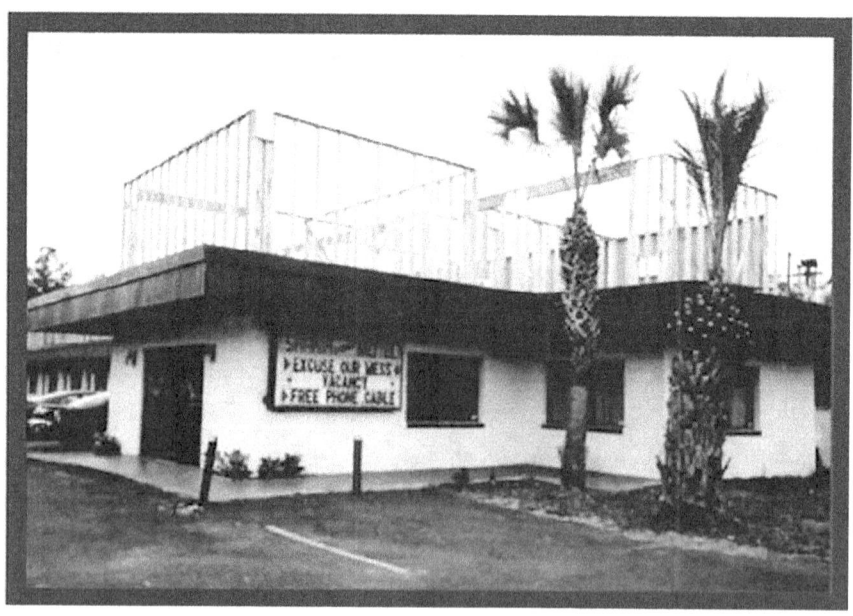

SHAKIR
MOTEL

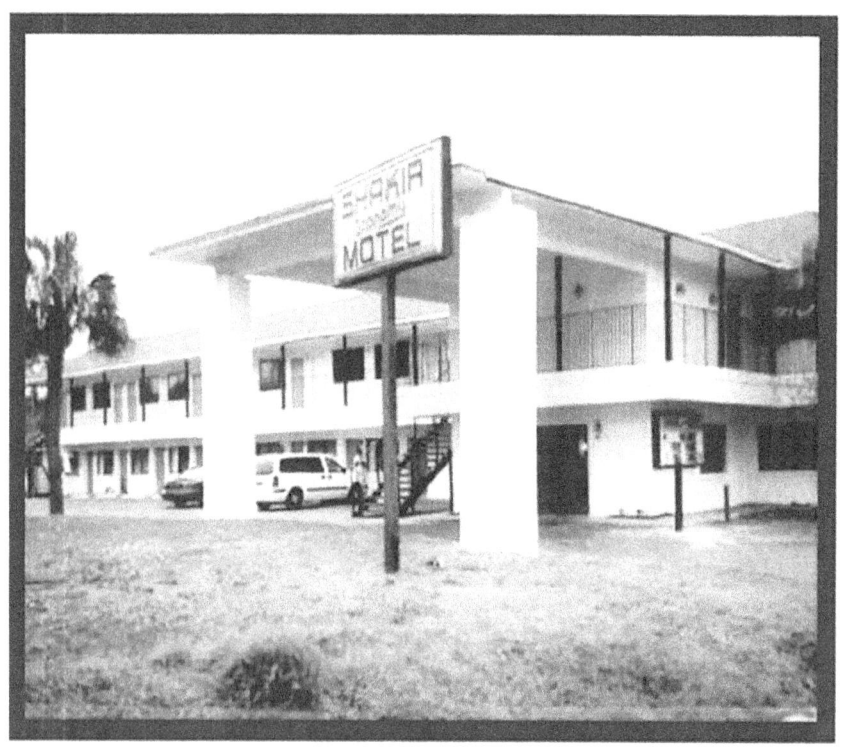

MOTEL
MOTEL
EXCUSE OUR MESS
VACANCY
REE PHONE CABLE

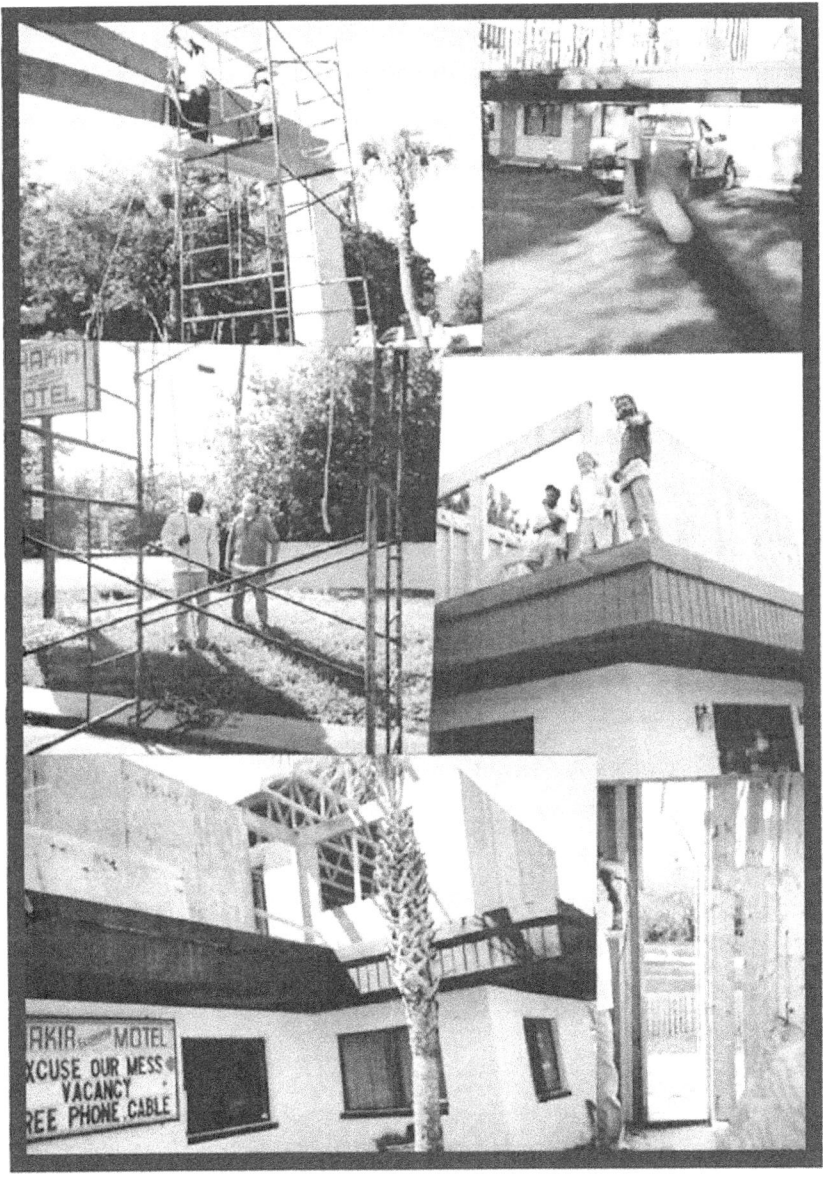

كان بناء فندق شاكر إيكونومي تجربةً صعبة؛ إذ تسبب نقص رأس المال في إطالة مدة البناء أكثر من اللازم. استغرقت المرحلة الأولى من الفندق ثلاث سنوات. كما استغرق بناء المرحلة الثانية ثلاث سنوات أخرى؛ ويعود ذلك أساسًا إلى نقص رأس المال وقواعد البناء غير الملائمة لولاية فلوريدا. تألف فريق البناء مني وثلاثة رجال آخرين. قمنا بالعديد من الأعمال اليدوية التي كان من المفترض أن تُنجز باستخدام الرافعة، مثل رفع 80 دعامة لطابقين، وتركيب العوارض باستخدام سقالة وبكرة يدوية.

كان العمل في مثل هذه الظروف محبطًا في بعض الأحيان. في أحد الأيام، أثناء العمل، طارت حمامة بيضاء إلى مكان عملنا كما لو كانت مُدربة على التواجد حولنا. لم تُبدِ أي خوف. بقيت الحمامة حوالي سبعة أيام قبل أن تُغادر. قلت لزوجتي إن الحمامة قد تكون علامة جيدة على ما هو آت. لقد حصلنا على نتائج أفضل في عمليات تفتيش المباني، وكان الفحص النهائي أفضل مما توقعنا. ربما كانت الحمامة علامة جيدة.

ثلاث سنوات من التغلب على المشاكل والمواقف المختلفة التي واجهتها أثناء البناء، ساعدتني على فهم قيمة المثابرة بشكل أفضل.

قصتي

ابتداءً من سن الثالثة عشرة، بدأت العمل كصبي في متجر البقالة المحلي. هناك تعلمت فن العمل. تعلمت أنه مهما بدت الوظيفة تافهة؛ فإن كل عمل يتطلب قدرًا معينًا من الاستراتيجية. قبل وظيفتي في متجر البقالة، كانت تجربتي العملية الوحيدة هي بيع الخوخ من باب إلى باب خلال الصيف لبائع فاكهة، كان يأتي إلى حيّنا لتوظيف أولاد الحي لبيع فاكهته. في نهاية كل يوم عمل، كان من يبيع أكبر عدد من الفاكهة يحصل على مكافأة نقدية. كان كوني أفضل بائع مهمًا بالنسبة لي بقدر أهمية المكافأة النقدية؛ خلال ذلك الوقت بدأت أدرك روح المنافسة لدي. كان أجر الوظيفة في متجر البقالة زهيدًا جدًا، ولكن بالنظر إلى خبرة العمل والدروس التي تعلمتها عن المسؤوليات في سن الثالثة عشرة، لم يكن الأجر سيئًا للغاية. خلال ذلك الوقت أدركت أيضًا أنني أحب ارتداء الملابس. كنت أرغب في ارتداء

الملابس الأنيقة التي كنت أرتديها مع الأولاد الأكبر سنًا. لم يمضِ وقت طويل حتى بدأ أصدقائي يُعلقون على أسلوبي في ارتداء الملابس. لم أُدرك أنني كنت أرتدي ملابس أنيقة بما يكفي لجذب الانتباه. كانت جدتي داعمة لي للغاية، وشجعتني على الاستمرار في العمل عندما بدأتُ أشكو من صعوبات العمل؛ فقد حرصت على تنظيف حذائي الرياضي (ناصع البياض) كل صباح للذهاب إلى المدرسة. كانت قمصاني تُغسل جيدًا لدرجة أن الجميع ظن أنني أُغسلها لدى مُختص. كانت جدتي تعني لي الكثير، ولم أُرد أن أُخيب أملها بأي شكل من الأشكال.

إن حصولي على وظيفة في سن مبكرة أعطاني
المزيد من الحرية في القدوم والمغادرة مع قيود أقل.

كنت أحب الذهاب إلى السينما مع أصدقائي. مع هذه الحرية الجديدة، بدأتُ أقضي وقتي معهم في زوايا الشوارع عندما لا أكون مشغولاً. سمح لي هذا التواجد في زوايا الشوارع بلقاء أصدقاء جدد. في أحد الأيام، وبينما كنتُ أقضي وقتي معهم، ذكر لي صديق جديد وظيفةً يفكر في إلغائها، وكانت الوظيفة في مطعم شهير للستيك في وسط المدينة. طلبتُ منه

أن أشغل وظيفة غسل الصحون في المطعم، فأجابني بأنه سيتحدث مع صاحب المطعم. حصلت على الوظيفة. كان العمل صعبًا للغاية، لأن المطعم كان يحقق مبيعات جيدة، وكنتُ غاسل الصحون الوحيد. زادت ساعات العمل من صعوبة الأمر، كنتُ أبدأ العمل بعد المدرسة، وأغادرها عند منتصف الليل، وأستيقظ للذهاب إلى المدرسة في صباح اليوم التالي عند السادسة صباحًا. كان والدي سائق سيارة أجرة ليلًا، لذا لم تكن المواصلات من وإلى العمل مشكلة أبدًا.

كنت أعيش مع خالتي وجدتي. كانت خالتي مُعلمة في مدرسة ابتدائية، بينما كانت جدتي مُتقاعدة، وكانا يسمحان لي بصرف مالي كما يحلو لي. كنت أنفق معظم راتبي على ملابس المدرسة. أحب خالتي وجدتي كثيرًا، لكن أمي كانت قلبي. كانت هي ووالدي وأخي وأخواتي الثلاث يعيشون في الجانب الآخر من المدينة. بدا أنهم يمرون بظروف صعبة عندما كنت أزورهم، وكثيرًا ما كنت أغادر وأنا أشعر بحزن شديد. أحيانًا كنت أجد نفسي أدعو الله أن يُعينني على مساعدتهم. تعلمت قيمة الصلاة في سن مبكرة لأن خالتي كانت مُتدينة جدًا. كانت تُقيم اجتماعات صلاة مرتين أو

ثلاث مرات أسبوعيًا في منزلنا، كما كانت تقود مجموعة ترنيم إنجيلية؛ في تلك البيئة، كانت الصلاة مألوفة بالنسبة لي.

عملت في المطعم لمدة عامين تقريبًا. في أحد أيام سنتي الأخيرة، كنت في مكتبة المدرسة، وسمعتُ أمينة المكتبة تتحدث مع أحدهم عن وظيفة في دار رعاية للمسنين. بعد أن انتهت من الحديث، سألتها عن راتب الوظيفة. كان الراتب أعلى مما كنتُ أتقاضاه في المطعم، فطلبتُ منها مساعدتي في الحصول على الوظيفة، فأجابتني بالموافقة. تقدمتُ للوظيفة وحصلتُ عليها. كانت ساعات العمل مماثلة لساعات العمل في مطعم ستيك هاوس. كانت العمل في دار الرعاية تجربةً مؤثرةً للغاية؛ فقد انفردتُ بالمرضى وزملائي بشكلٍ رائع، لكن ما لم أُدركه عندما بدأتُ العمل هناك هو مدى اعتيادي للموت. أحيانًا كنتُ أتعلق ببعض المرضى، وبعد فترة وجيزة كانوا يمضون قُدمًا. في إحدى الليالي، بينما كنتُ أعمل وحدي، ناداني أحد المرضى إلى سريره وطلب مني بهدوء أن أضع حدًا لحياته، فانصرفتُ، ولم أنسَ أبدًا تعبير وجهه. كان حزينًا جدًا على حالته.

عندما أنهيت دراستي الثانوية، بدأت العمل بدوام جزئي في حوض بناء السفن في جاكسونفيل. أخبرني صديق عن سفينة قيد البناء في ذلك الحوض، وعن عدد الوظائف المتاحة عند اكتمال بناء السفينة. كما أخبرني بكيفية التواصل مع موظف السفينة والتقدم لوظيفة بحار بعد اكتمال بنائها. سيستغرق بناء السفينة ستة أشهر أخرى. كنت مثابرًا جدًا خلال تلك الأشهر الستة حتى تم توظيفي؛ وفي أحد الأيام، أخبرني موظف السفينة أنه عند اكتمال بناء السفينة، سأكون أول من يوظفه. وقد وفي بوعده.

عندما بدأت العمل بحارًا في هيئة المسح الساحلي والجيوديسي الأمريكية، لم أكن أدرك مدى تميز سفينة ديسكوفر أو دورها المميز. كانت ديسكوفر وشقيقتها أوشنوجرافر سفينتين يستخدمهما علماء كبار الشخصيات في المحيطين الأطلسي والهادئ لدراسة علم المحيطات. عُيّنتُ للعمل في المطبخ. كان الأجر جيدًا؛ وبدا أن كبير المضيفين معجب بعملي. كانت تجربة السفر الوحيدة التي خضتها في تلك المرحلة هي إلى جورجيا مع عمي. عندما بدأت ديسكوفر رحلتها الأولى، كنت متحمسًا للغاية لأن حلمي بأن أصبح بحارًا كان يتحقق. لكن ما لم أكن أدركه هو مدى صعوبة دوار البحر. عندما

انطلقت السفينة في نهر سانت جونز ودخلت أمواج المحيط الأطلسي، بدأ حماسي يتلاشى وبدأ دوار البحر يسيطر عليّ. كانت الرحلة الأولى إلى بالتيمور بولاية ماريلاند على بُعد يومين. كان المكتشف جديدًا ولم يكن متوازنًا بشكل صحيح بعد، وأنا أيضًا لم أكن كذلك. كان اليومان اللذان قضيتهما في ماريلاند من أكثر الأيام بؤسًا في حياتي حتى تلك اللحظة.

عندما رست سفينة ديسكوفرر في ماريلاند، عادت لي حماسة العمل كبحار. وخلال إقامتها على متن السفينة، كانت هناك طوابير طويلة من الناس يتجولون على متنها كل يوم تقريبًا. كانت ديسكوفرر في قمة مجدها في ذلك الوقت. وبعد حوالي 3 أسابيع، عادت السفينة إلى جاكسونفيل، وكانت رحلتها التالية إلى مونتريال بكندا، حيث كان من المقرر أن تُعرض السفينة لمدة سبعة أيام في المعرض العالمي رقم 67. كان كل هذا مثيرًا للغاية بالنسبة لي؛ فقد تمكنت من توفير معظم الأموال التي جنيتها. وعندما عدت إلى المنزل، تمكنت من دفع دفعة أولى لشراء منزل جديد لوالديّ، ولكن لكي أحصل على التمويل، كان يجب أن يكون اسمي مسجلًا في صكوك الملكية لأن الموافقة على القرض كانت تعتمد على وظيفتي.

أبلغني البنّاء ووالديّ أنه يجب عليّ إزالة إعاقتي حتى يُدرج اسمي في صكوك الملكية. ولإزالة إعاقتي، كان علينا المثول أمام قاضٍ؛ نصّ الأمر على أن "أوسكار باول الابن أصبح الآن قادرًا على رفع الدعاوى القضائية أو أن تُرفع عليه دعوى قضائية، أو أن يُبرم عقودًا أو أن يُتعاقد معه كما لو كان في الحادية والعشرين من عمره". وفي غضون عشر دقائق، تحوّلتُ من شاب في التاسعة عشرة من عمره إلى رجل في الحادية والعشرين من عمره؛ وبدأتُ أتساءل إن كان هذا أمرًا جيدًا أم لا.

بعد عام واحد من العمل على متن سفينة يو إس ديسكوفرر، كان لديّ وقت كافٍ في البحر للتقدم بطلب إلى خفر السواحل الأمريكي للحصول على وثيقة بحار تجاري. استغرقت الموافقة على الطلب حوالي 30 يومًا. بدأت العمل على متن سفن تجارية انطلاقًا من ميناء جاكسونفيل بولاية فلوريدا. كان الشحن من ميناء جاكسونفيل جيدًا، لكن ميناء نيو أورلينز كان أفضل لأن العمل كان أكثر وفرة، لذلك بدأت بالتنقل من جاكسونفيل إلى نيو أورلينز للعمل. في ستينيات القرن الماضي، كان معظم الشباب قلقين بشأن حرب فيتنام، ولم أكن استثناءً. حاولت لجنة التجنيد في جاكسونفيل الاتصال

بي لإجراء فحص بدني في موعدين سابقين، لكنني كنت في كل مرة خارج البلاد أعمل كبحار. بدأت لجنة التجنيد بإرسال رسائل تهديد إلى منزلي. حثتني والدتي وجدتي على العودة إلى المنزل لإجراء الفحص البدني لتحديد وضعي في التجنيد. اجتزتُ الامتحان، وبعدها بفترة وجيزة، تم تجنيدي في الجيش الأمريكي. أُرسلتُ إلى فورت بيني، جورجيا، للتدريب الأساسي.

بعد ثمانية أسابيع من التدريب الأساسي، كان عليّ الالتحاق بقاعدة فورت بولك في لويزيانا (تايجر لاند)، حيث تلقيت تدريبًا على المشاة. كانت تايجر لاند قاسية للغاية، لكن ذلك لم يكن شيئًا مقارنةً بما سيأتي لاحقًا. بعد تخرجي من قاعدة فورت بولك (تخرجت ضمن أفضل ثلاثة في سريتي، وصُنفت راميًا خبيرًا)، أبلغنا قائد سريتنا أن السرية بأكملها ستذهب إلى فيتنام بعد إجازة لمدة شهر. كان الشهر الذي قضيته في المنزل مع عائلتي قبل إرسالي إلى فيتنام صعبًا للغاية. كان هناك خوف صامت داخل العائلة. حاولنا جميعًا أن نكون متفائلين بشأن إرسالي، لكن التفاؤل كان شبه مستحيل، نظرًا لكثرة الأخبار المحزنة في البلاد عن فيتنام. مرت الثلاثين يومًا بسرعة، وحان وقت بدء رحلتي الطويلة إلى فيتنام. ودعت عائلتي، وقادني أخي إلى المطار. صعدتُ على متن طائرة متجهة إلى

أوكلاند، كاليفورنيا، لإجراءات نام. خلال فترة الإجراءات التي استغرقت ثلاثة أيام، شعرتُ بالوحدة والخوف مما ينتظرني.

استغرقت الرحلة فوق المحيط الهادئ إلى فيتنام حوالي 18 ساعة؛ ولا تمر 18 ساعة بهذه السرعة من قبل.

كانت الطائرة التجارية التي نقلتنا إلى فيتنام آخر شعور بالأمان خلال الاثني عشر شهرًا التالية. بعد وصولنا إلى فيتنام، استغرق الأمر أسبوعًا واحدًا لإتمام إجراءات الدخول. بعد تلقينا أوامرنا الفردية، انطلقنا نحو وجهاتنا. لم يكن أي من أصدقائي يسير في طريقي. كانت وجهتي ل، ز، سالي، الفرقة 101 المحمولة جوًا؛ حيث لم يكن العدو الفيتكونغ، بل جيش فيتنام الشمالية؛ لم يكن تشارلي، بل السيد

تشارلز. كان ذلك في عام 1969، وكانت فيتنام بؤرة توتر. كان تشارلز قصير القامة، ولم يكن من السهل الاستهانة به. كانت تلك بداية عامٍ عصيبٍ في حياتي، فالخطر كان يحيط بي من كل جانب. كان من أهم مفاتيح البقاء أن أكون متيقظًا دائمًا. كانت ظروف المعيشة في أدغال فيتنام صعبة للغاية،

خاصةً خلال موسم الرياح الموسمية حيث كانت الأمطار تهطل باستمرار. كانت العناية المناسبة بقدميكِ مهمةً شاقة، لأن داء قدم الخندق والعلق كانا مشكلةً شائعة. بعد ثمانية أشهر من المعاناة، حان دوري لأستريح وأسترجع عافيتي. اخترتُ الذهاب إلى بانكوك، تايلاند، لمدة أسبوع. كان ذلك الأسبوع بمثابة راحة كبيرة. مر ذلك الأسبوع سريعًا، وحان وقت العودة إلى أدغال فيتنام. كان أمامي أربعة أشهر أخرى لأحاول البقاء على قيد الحياة. عندما عدتُ إلى الأدغال، انفجرت جحيمٌ لا يُطاق؛ كنا نتشاجر كل يوم تقريبًا. كانت تلك الأشهر الأربعة الأخيرة مرهقةً للأعصاب؛ كلما اقترب المرء من العودة إلى المنزل، كان من الشائع أن يشعر بالتوتر لأن الفكرة في الجزء الخلفي من ذهنه كانت، لقد وصلت إلى هذا الحد ولا أريد أن أرتكب خطأ الآن. أخيرًا، حان اليوم الذي سأغادر فيه الأدغال. كانت التضاريس التي كنا فيها آنذاك وعرة جدًا بالنسبة للمروحية التي كانت تنقلني إلى البر. كانت المروحية تحوم على ارتفاع حوالي مترين؛ فاضطررتُ للقفز لأمسك بزلاجة من المروحية لأدخلها. كنتُ أخيرًا في طريقي إلى المنزل، ولم يبق لي سوى شظية من قنبلة يدوية استقرت في معدتي إثر اشتباك ناري قبل ستة أشهر.

استغرقت إجراءات مغادرة فيتنام حوالي أسبوع؛ ثم جاء يوم صعودي على متن الخطوط الجوية التجارية للعودة إلى الوطن. عندما صعدت على متن الطائرة، أدركت أنني أعرف تقريبًا جميع من كانوا على متنها. لم أكن أعلم أنك تغادر فيتنام مع نفس الجنود الذين دخلت معهم؛ كان الأمر أشبه بلقاء أصدقاء قدامى. خدمنا في مناطق مختلفة من البلاد، وسنعود إلى الوطن معًا. عندما أقلعت الطائرة، كنا جميعًا سعداء للغاية، ولكن سرعان ما أدركنا أن هناك الكثير من الجنود المفقودين، وأنهم قد غادروا في وقت سابق بطريقة أو بأخرى.

عرف بعضنا مصير المفقودين. كان حديثنا طوال طريق العودة سعيدًا وحزينًا في آنٍ واحد. هبطت الطائرة في كاليفورنيا، وكنتُ أخيرًا في المنزل.

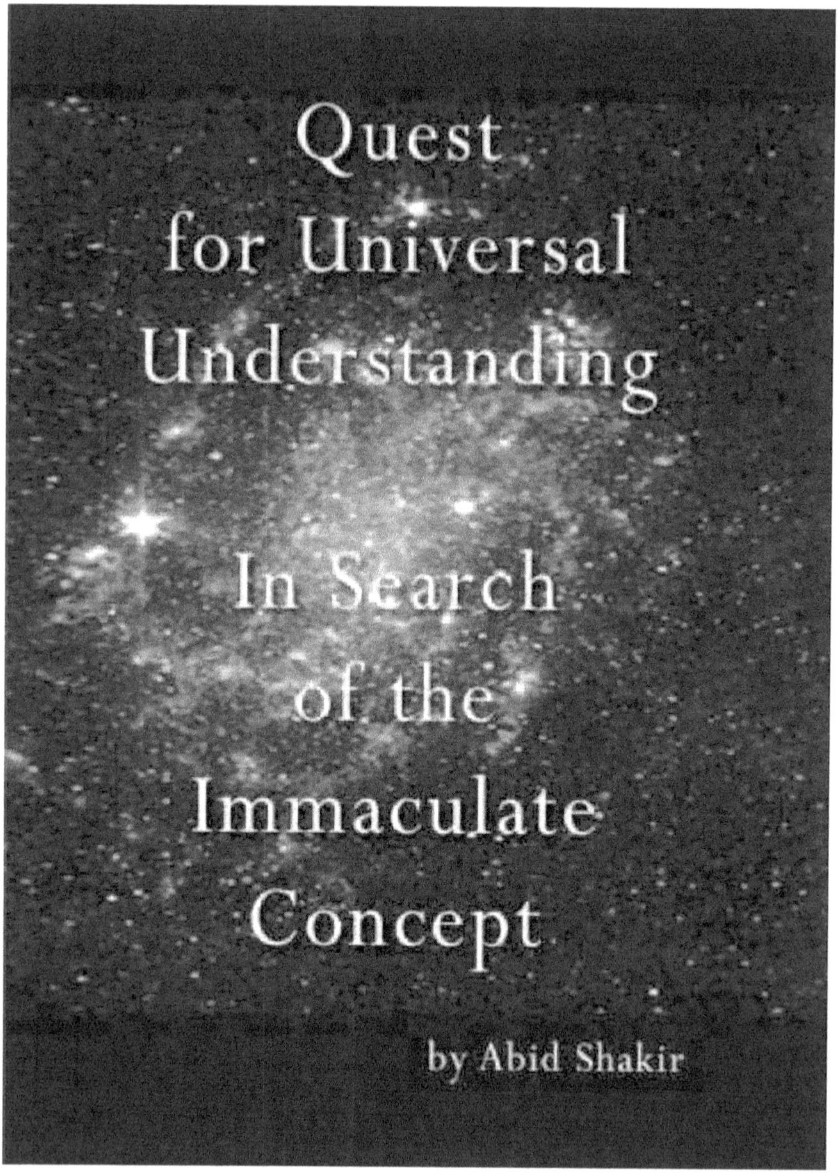

Quest
for Universal
Understanding

In Search
of the
Immaculate
Concept

by Abid Shakir

السعي نحو الفهم العالمي

قد يحتوي هذا الكتاب على أفكار ومفاهيم
غير مألوفة للقارئ؛ لكنه يقدم الوضوح من خلال
استكشاف اللغة الأصلية والرمزية المحددة.

مقدمة

يهدف هذا الكتاب إلى تقديم فهم أفضل للمعرفة الكونية وإزالة الأساطير حول خلق البشرية، من خلال إلقاء نظرة واضحة على عالمنا والكنوز الخفية للمعرفة المكشوفة.

أفضل طريقة للتعامل مع هذا الموضوع هي البدء من البداية.

في البدء، خلق الله تعالى الكون في عدل وتوازن، ووفق قانون التطور العجيب. تطور عالمنا، ككائنات حية، من تراب وماء إلى حيوانات متحركة ناطقة، ثم إلى إنسان عاقل متأمل (الإنسان).

بالنظر إلى تطور الإنسان، وكيف وُجد، علينا أن نستخدم إحدى أثمن عطاياه، ألا وهي الحس السليم. لكن الحس السليم ليس شائعًا، لأن أنماط التفكير اليوم غالبًا ما تنحرف عن المنطق المُثبت. بدأ الحس السليم مع ولادة الإنسان، ونما عبر آلاف السنين من التجارب والأخطاء.

عندما ننظر إلى تطور الإنسان بحثًا عن المفهوم العالمي، دعونا نثق في الحس السليم.

عندما يكون الإنسان في شك بشأن المعلومات المتعلقة بالتنمية البشرية، فإنه يستطيع دائمًا أن يثق في الحس السليم للتوجيه.

تطور الإنسان

لقد حفظ الله علم تطور الإنسان، وهو محفوظ
.في مراحل نموه، كما يولد الإنسان كل يوم

يبدأ الجسد المادي كحيوان منوي يشبه السمكة يسبح في الماء في رحم الأم. ومع نموه، يفقد خصائصه الشبيهة بالسمكة ويبدأ بتطوير خصائص مناسبة للمشي على اليابسة؛ عملية من المراحل والتطورات التي استغرقت آلاف السنين في الأصل، تسارعت إلى فترة تسعة أشهر.
.ثم تبدأ عملية أخرى؛ الذكاء، التطور الداخلي

.بدأ الرجل الأول بالسلوك والتطور الداخلي للطفل
ومع نمو الإنسان في تطوره، أصبح فهمه
.وسلوكه مساويًا لسلوك وفهم طفل اليوم

كلما كبر الإنسان، أصبح فهمه وسلوكه مساويًا لفهم وسلوك مراهق اليوم.

بعد آلاف السنين من التجربة والخطأ، تطور الإنسان داخليًا ليصل إلى مرحلة البلوغ والمجتمعات المتحضرة. إذا شاهدتَ أي طفل ينمو ويكبر اليوم، ستشهد مراحل مختلفة من نمو الإنسان.

ملخص التطور

كانت بداية الإنسان أشبه بشرغوف. تطور من الماء. وقد حفظ الله تعالى هذه المعرفة.

كل إنسان يولد ساكنًا يخرج من الماء عبر رحم أمه. بعد تطوره خارج الماء وفترة تكيف على اليابسة، أصبح سلوك الإنسان كسلوك الجنين. بدأ ينزلق على بطنه، وبعد فترة تعلم الزحف. أجبرته الضرورة على تعلم المشي منتصبًا.

مر الإنسان بمراحل تشبه الطفولة ثم المراهقة، وخلال هذه المراحل كان الإنسان متهورًا وخاليًا من الهموم... وبعد فترة من الزمن، أدرك أنه بحاجة إلى

النظام في حياته. نشأ الإنسان في مجتمعات راشدة ومتحضرة.

لقد حفظ خالقنا هذه المعرفة للعقل الحكيم ليتمكن من رؤيتها.

إن تطور الإنسان فريد من نوعه ومنفصل عن جميع الحيوانات الأخرى.

(الآن نقترب من سفر التكوين (الجنة

يقدم هذا النهج معلومات يمكن فهمها
وتطبيقها في الحياة اليومية.

سفر التكوين

الاعتقاد السائد حول سفر التكوين هو أن الله تعالى يُخاطب آدم، أول البشر. لكن الحقيقة هي أن الكتاب المقدس يتمتع بقدرة فريدة على التحدث على أكثر من مستوى. يُخاطب سفر التكوين آدم أيضًا، أي الجماعة. ونعلم أن هذا صحيح لأن آدم يُشار إليه في سفر التكوين بصيغة الجمع. "وسَمَّيناهم آدم". كانت جماعة آدم أول جماعة أنشأها الله لبداية الوحي. (كان آدم جماعةً اختبرتها الطبيعة الشهوانية (حواء بدأ الإنسان بتعلم مخاطر اتباع الأهواء غير المقيدة (وأهمية الاستماع إلى ضميره الصالح (آدم.

لا ينبغي للإنسان أن يتأثر بهمسات العقل الباطن الثاقبة المبررة. فكثيرًا ما يتأثر الإنسان باقتراحات التبرير الصادرة من الطبيعة العاطفية. في سفر التكوين، وُصف هذا التفكير الباطن الثاقب بأنه أفعى.

كلمة حواء هي تلاعب بكلمة الشر التي تصف
الطبيعة العاطفية التي سقطت، والتي تعمل الآن
ضد التطلعات البشرية الصالحة (آدم).
تُستخدم التفاحة لأن اللون الأحمر يرمز إلى الشغف
الجامح. أكل آدم تفاحة الشغف ففقد روحه المستنيرة.
لم يمت، بل نام مُلمّحًا إلى أن سقوطه كان مؤقتًا.
يجب أن ندرك أن خالقنا ليس مجرد سرد
قصص بلا معنى. علينا أن نحاول فهم
الرسالة المهمة في القصة للإنسان. يقول الله تعالى في القرآن
الكريم: "ما خلق السماوات والأرض لعبًا ولا لعبًا". عندما نقرأ
القرآن الكريم، علينا دائمًا أن نسعى لفهم المعنى الأسمى. لأن
القرآن الكريم يتحدث عن جوانب متعددة: حرفيًا وضمنيًا.
لطالما استخدم الإنسان سرد القصص والطقوس والأساطير
لحفظ المعرفة. المعرفة مُخبأة في الطقوس. يستطيع الإنسان
الفطن أن يقرأ طقسًا أو أسطورة أو قصة بعد مئات السنين،
ويستخلص منها معرفةً جديدةً كما كانت في الأصل. علينا أن
نكون أكثر وعيًا بالطقوس والأساطير والقصص لنزيد من فهمنا.

ملخص جينيسيس

.آدم- أول مجتمع مستنير للبشرية

حواء - الشر - وصف الطبيعة العاطفية
.التي سقطت في الإغراء

.التفاحة - الحمراء - رمز للعاطفة غير المنضبطة

.الثعبان - اقتراحات خفية لا شعورية متأثرة بالعاطفة

.المرأة- الطبيعة العاطفية التي لعبت دورًا نشطًا ضد الرجل

.المرأة-الرجل=ويل للرجل

إن سفر التكوين هو قصة خلق عالمنا، وبداية كفاح الإنسان لإنقاذ روحه المستنيرة من إغراءات الأهواء؛ ولكنه انزلق.

آدم لم يكن ملعونًا

آدم - أ - اللعنة = ليس ملعونًا.

إن التدقيق في كلمات الكتاب المقدس يكشف الكثير. فكما تُستخدم القصص والأساطير والطقوس لإخفاء المعرفة وحفظها، تُستخدم الكلمات أيضًا لإخفاء المعرفة وتخزينها.

إن التدقيق في كلمات الكتاب المقدس يكشف الكثير. فكما تُستخدم القصص والأساطير والطقوس لإخفاء المعرفة وحفظها، تُستخدم الكلمات أيضًا لإخفاء المعرفة وتخزينها.

فهم قصة السفينة والنبي نوح عليه السلام

لقد حظي النبي نوح بمعرفة موازنة الزوجين وكيف
ترتبط هذه المعرفة بالوجود البشري وتدعمه.

نجد هذا الزوج في جميع أنحاء الخليقة، حتى في أصغر
أجزاء المادة. تتكون الذرة من إلكترونات وبروتونات نووية.

عندما ننظر إلى السماء نرى جسمين
رئيسيين من الضوء: الشمس والقمر.

عندما ننظر إلى الفصول نرى التوازن؛ الشتاء والصيف.

نرى هذا الزوج طوال الخلق؛ الليل والنهار،
الأرض والماء. في أجسادنا نرى عينين، أذنين، ساقين،
ذراعين، جسديين وروحيين، ذكرًا وأنثى.

إحدى الرسائل في قصة السفينة هي التوازن وكيف
ترتبط هذه المعرفة بالوجود البشري وتدعمه.

التوازن مهم، لا يوجد تطرف جيد.

عندما ننظر إلى الإنسان الذي يقضي كل وقته في الصلاة،
نرى تطرفًا. الإنسان الذي يقضي كل وقته في الصلاة، وينشغل
بالطقوس الدينية لدرجة تمنعه من التصرف كإنسان طبيعي، هو
في غاية التطرف، وهو بعيد كل البعد عن الله (بشكل عام).
وكذلك الإنسان الذي ينغمس في المادية إلى حد التطرف.

يُقال في الأيام الأخيرة (نهاية المسيح الدجال): سيُرى الملاك

جبرائيل واقفًا بقدم واحدة على اليابسة والأخرى على الماء.

يرمز الماء في الكتاب المقدس إلى الوعي الأخلاقي:

ترمز الأرض الجافة إلى التطور المادي، مما

يُعبّر عن أهمية التوازن لتحقيق تنمية سليمة:

يرمز للعقل الكوني بدائرة كاملة:

لقد كان النبي نوح مباركًا بمعرفة التوازن ووضع

تلك المعرفة في سفينة الفهم العالمي.

—سفينة نوح

يجب أن نعلم أن جميع أنبياء الله قدموا مساهمة:

ومن الأمثلة الجيدة على ذلك تابوت العهد.

فهم السفينة

.الصندوق الذي يحتوي على الوصايا العشر يسمى تابوت العهد
سفينة نوح هي السفينة التي بناها

.النبي نوح استعدادًا للطوفان
كلمة تُشبه في نطقها سفينة نوح وعهده، لكن A-R-C (ARC)
كلمة تصف أي شيء على A-R-C (ARC) .معناها مختلف
شكل قوس أو انحناء أو قوس، ولكن في وقت ما، استُخدم هذا
.أيضًا لوصف سفينة النبي نوح وعهده ARC التهجئ لكلمة

استخدمت الإنجليزية الوسطى المصطلح A-R-K (ARK)
لوصف السفينة، بينما استخدمت الإنجليزية القديمة المصطلح
على فهم المعنى A-R-C (ARC) يساعدنا معنى .A-R-C
الحقيقي للسفينة وكشفه. تصف سفينة النبي نوح والعهد

كيف ساهم الأنبياء المختلفون، من خلال الوحي، بجزءٍ كبيرٍ في المفهوم العالمي؛ لقد ساهموا بقوسٍ معرفيٍّ كبير.

يُذكر القوس كثيرًا في الكتب المقدسة. جبريل هو الملاك المُكلَّف من قِبَل الله بإيصال الوحي إلى قلوب وعقول أنبيائه، ويُطلق عليه اسم الملاك القوسي.

ينبغي للإنسان أن يزرع الأرض ويجني ثمار ثرواتها، ولكن عليه أن يتذكر دائمًا إخلاصه لربه.

المفتاح هو التوازن

المراحل الأربع للتطور البشري

هناك العديد من القصص والرموز المستخدمة
لشرح المراحل الأربع للتطور البشري
إن فهم هذه المراحل من النموّ بالغ الأهمية
للنموّ البشري. ومن هذه القصص قصة المجوس
.الثلاثة الذين زاروا مسقط رأس المسيح
.حاملاً هدايا الحكمة
يُمثل الحكماء الثلاثة التطورات البشرية الأساسية
.الثلاثة. هذه التطورات مهمة جدًا، لذا حاول فهمها
ينبغي للإنسان أن يتطور جسديًا وأخلاقيًا وعقليًا.
فهو يحتاج إلى الاستقرار الجسدي والمادي، كما يحتاج
.إلى وعي أخلاقي وروحي سليم، وفهم منطقي سليم
عندما يتمكن الإنسان من الجمع بين هذه التطورات
الثلاثة وجعلها متوافقة (معنى)، أي أن يجعل رغباته ومكاسبه
المادية متوافقة مع الأخلاق الحميدة، وأن يجعل مفاهيمه
ومعتقداته الأخلاقية متوافقة مع التفكير العقلاني السليم.
عندما يتمكن الإنسان من الجمع بين هذه التطورات الثلاثة
دون تعارض، فإنه يصل إلى التطور الرابع، وهو مزيج من
.التطورات الأساسية الثلاثة. التطور الرابع هو تنوير الرؤية

جسديًا

معنويا

بعقلانية

التنوير

المراحل الأربع للتطور البشري

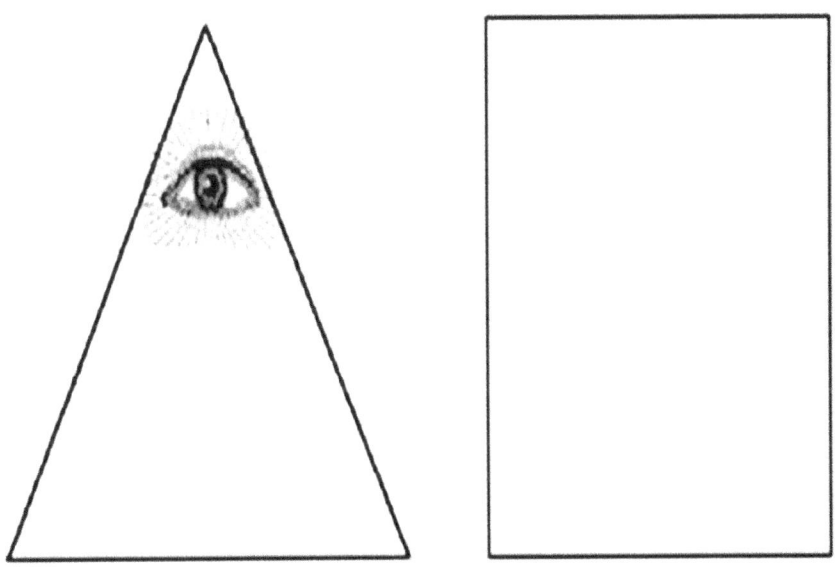

تُشرح مراحل التطور البشري الأربع بطرق عديدة. (مثال).
الهرم ثلاثي الأضلاع على ظهر ورقة الدولار الأمريكي. يُصوَّر
الهرم بعين وأشعة ضوئية. يُمثل الهرم مراحل التطور البشري
الأساسية الثلاثة. تُمثل العين بأشعة ضوئية الرؤية المُستنيرة.

الهرم رمزٌ فريد. عند النظر إليه من أي جانب،
سترى ثلاث زوايا تُشكّل نقطة قياسها واحدًا. عند
النظر إلى قاعدة الهرم، سترى أربعة أضلاع متساوية
(مربع)، مما يجعله رمزًا مثاليًا للتطور البشري.

من الأمثلة الجيدة الأخرى المستخدمة للتعبير
عن السعي نحو التنمية البشرية ملعب البيسبول.
تُمثل القواعد الثلاث التطورات البشرية الأساسية
الثلاثة. ويمثل لوح القاعدة الرؤية المستنيرة.

ثلاث ضربات وستكون خارجًا.

تقع منطقة الإثارة بين الركبتين والصدر، وهي المنطقة الأكثر تأثرًا بالعاطفة. هذا النوع من المعلومات الخفية موجود في الثقافة الأمريكية.

هناك قصة أخرى معروفة تستخدم لشرح المراحل الأربع للتنمية البشرية وهي قصة "ساحر أوز": ثلاث شخصيات رئيسية بالإضافة إلى واحدة.

أسد يحتاج إلى الشجاعة.
الحاجة إلى الثقة الجسدية.

رجل من الصفيح يحتاج إلى قلب.
الحاجة إلى الضمير الأخلاقي.

فزاعة تحتاج إلى عقل.
الحاجة إلى التفكير العقلاني.

فتاةٌ أرادت العودة إلى المنزل، نقرت بكعبيها
ثلاث مرات، ثم عادت، جمعت هذه التطورات
الثلاثة معًا. الوطن للإنسان هو التفهم.

إن قصة ساحر أوز هي مثال جيد جدًا لكيفية
استخدام رواية القصص للحفاظ على المعرفة وإخفائها.

في قصة المسيح، كان هناك ثلاثة عند ولادته وثلاثة
على الصليب؛ سقط المسيح ثلاث مرات أثناء سيره نحو
صلبه. ويُقال إن المسيح توفي في الثالثة والثلاثين من عمره،
(بين الساعة التاسعة والحادية عشرة (ثلاث ساعات).

قام المسيح في اليوم الثالث.
يُمثل الرقم ثلاثة على الصليب نوايا المسيح الدجال في تدمير
طبيعة المسيح في البشرية. النبي الجليل عيسى عليه السلام هو
دليل على هذا التدمير المُراد. نوايا المسيح الدجال هي تثبيت
الروح البشرية على صليب سوء الفهم والضلال، والسخرية
من البشرية. إنها لعبة بالنسبة للمتآمرين على الإنسانية.

لا يمكنك الفوز إذا لم تتمكن من الخروج من اللعبة.

بدأ الوحي بآدم وانتهى بالنبي محمد صلى الله عليه وسلم، الذي جسّد جميع الأنبياء الذين سبقوه. وقد أنعم الله على النبي محمد بنزول القرآن الكريم كاملاً، دليلاً مفصلاً وتأكيداً لما سبقه من الوحي. وكان النبي محمد صلى الله عليه وسلم خاتم الأنبياء، وخاتم الوحي.

وصلى الله وسلم وبارك على جميع الأنبياء الكرام.

فهم الطبيعة العاطفية ومتاعب الشغف الجامح

من المهم جدًا أن يتعلم الإنسان
.ويفهم مخاطر العاطفة الجامحة
إن الشغف الجامح قد يؤذيك بطرق عديدة. علينا أن نعلم
.أن هناك قوانين طبيعية لا مفر منها؛ وأن ما نبذله سيعود إلينا
كل ما نفعله مُسجَّل في ذاكرتنا. ما نفعله قد يكون
.ضدنا أو يدعمنا، إنه عدلٌ طبيعيٌّ وضعه الخالق
لا يميل الإنسان إلى مخالفة هذه القوانين الطبيعية إلا إذا
أغوته الشهوة. فالشهوة هي ما يُسقطه بسهولة، ويجرّ بقية الكائنات
.إلى سلوكيات مشينة، ويُضلّه عن سبيله، وهو الله عز وجل
يصف الله تعالى الطبيعة الشغوفة في القرآن الكريم بالجن.
وكثيرًا ما يستخدم الإنسان قصة الجن في القارورة لشرح وظائف
هذه الطبيعة الشغوفة. فالشهوة هي ذلك الجانب من الإنسان
.الذي يدفعه إلى استكشاف الكون وزراعته، وهو أمرٌ جميل
يجب ضبط الطبيعة العاطفية، والتحكم فيها بالنوايا
الحسنة. يجب كبت العاطفة، وعدم إطلاقها إلا لخدمة
الطموحات الإنسانية النبيلة، لخدمة جوانب النمو
.(البشري الثلاثة (الجسدي، والأخلاقي، والعقلاني

.لديك ثلاث أمنيات

أهمية التوازن

إن السيطرة على عواطفنا أمر مهم للغاية، ولكن من المهم بنفس القدر تحقيق التوازن؛ وعدم الاستسلام للأمور الخارجية.

من سوء الفهم الكبير في مجتمعنا أن الحب يجب أن يكون قمة الطموح الإنساني. الحب شعورٌ يمكن خداعه. يستغله المحتالون. الحب وحده لا يكفي ليكون قمة الطموح الإنساني؛ يجب أن يُوازَن الحب بالعقل السليم لتجنب الضلال

هناك أسطورة في الميثولوجيا اليونانية عن شخصية اسمها سيسيبوس.

كان على سيزيف عبءٌ ثقيلٌ، وهو دحرجة صخرةٍ ضخمةٍ مستديرةٍ إلى قمة جبل. في كل مرةٍ كان يدحرج الصخرة إلى أعلى الجبل، كانت الصخرة تتدحرج إلى أسفل.

قال الإمام محمد إن هذا رمزٌ لمجتمعٍ يسعى إلى جعل الحبّ ذروةَ الطموح الإنساني. يجب أن يتوازن الحبّ مع التفكير العقلانيّ السليم.

قد تُشكّل فكرة الحب غير المشروط مشكلة. وكثيرًا ما تُنادى بها الأديان. فالحب دون فهم قد يكون ضارًا.

خلق الله تعالى الإنسانَ مُفكِّرًا، باحثًا عن الفهم في جميع جوانب حياته، وخاصةً في حياته الدينية. فالتوازن يُعين الإنسان على الوقاية من مكائد الشيطان:

هناك حديث للنبي محمد صلى الله عليه وسلم يقول:
((عالم واحد أشد على الشيطان من ألف عابد جاهل)).

إن عدم التوازن في حب كل شيء في العبادة لا يكفي، وهذا النوع من الحب لا يتوافق مع الرجولة. فمجرد حب كل شيء مهما كانت الظروف لا يتماشى مع دور الرجل في القوة والقيادة والحماية؛ وهو دورٌ منحه إياه خالقه.

مفهوم حب كل شيء يتوافق أكثر مع دور المرأة. يجب أن يكون الإنسان متوازنًا. يحب الحق والعدل، ويكره الباطل والظلم.

إن الاعتقاد بأن على الإنسان أن يسعى ليكون ملائكيًا (مثل الملائكة) قد سبب له الكثير من المتاعب في فهمه. يقع الإنسان في مشكلة عندما يبدأ بقبول أفكار ومفاهيم خارج نطاق المنطق الشائع.

الإنسانية والفطرة السليمة متلازمتان. قبل أن يتمكن المخادعون (المتآمرون على الإنسانية) من إحباطك، عليهم أولاً قطع هذه العلاقة. ومن الأمثلة الجيدة على ذلك الانضمام إلى النوادي والمنظمات والمجموعات. يجب عليهم أولاً أن يجعلوا الشخص الجديد الذي يتم قبوله يقوم بأفعال شنيعة، بل ومخزية أحياناً، حتى يتم قبوله. إنها طقوس مصممة لسلبك كرامتك وعقلك السليم، ثم غرس فيك مفاهيم وسلوكيات غريبة.

أعلم أن الشخص العادي الذي يمارس هذه الطقوس لا يدرك ما يفعله. إنها طريقة وضعها المحتال المحترف، المسيح الدجال.

أعتقد أن إحدى المشكلات الرئيسية التي يواجهها الناس اليوم هي عدم إدراكهم لما يحدث لهم. إنهم لا يدركون وجود خطة مدروسة لتدمير البشرية. وبسبب هذا النقص في الفهم، يصعب جدًا الوصول إلى الناس وإقناعهم بوجود خطة مدروسة لتدمير الطموحات الإنسانية النبيلة. ولكن إذا عاد الناس إلى التفكير السليم والسلوك السوي، فسيكونون في حالة توازن.

عندما أتحدث عن المسيح الدجال، فأنا لا أتحدث عن الروح وحدها، بل عن رجال تقبّلوا واعتنقوا عقلية الهيمنة المطلقة بدافع الجشع. "استيقظوا!"

هناك رغبة أخرى قد ترتبط بالجشع، وقد تعيق التطور البشري. إنها الحاجة إلى الاهتمام المُجامل، وهي رغبة قد تُناقض صفة التواضع.

التواضع صفة قوية

التواضع صفة قد تبدو للبعض تافهة وغير مهمة. فهو جزء من الإنسانية، ووسيلة فعّالة للنمو البشري.

أحيانًا يكون من الصعب على الإنسان أن يتواضع لما هو حق. إذا لم يتوافق الحق مع رغباته في تقدير ذاته، فعندما يواجه هذا الصراع الداخلي، عليه أن يعلم أن أفضل فرصة للنمو البشري موجودة.

إن السيطرة على غريزة الاعتراف الأناني اختبارٌ فشل فيه الإنسان على مر العصور. وهذا هو الاختبار الذي لم يستطع الشيطان اجتيازه مرارًا وتكرارًا. من السهل أن تُعرِّض نفسك للظهور دون داعٍ. ولكن هل يمكنك تسخير هذه الرغبة الأنانية والتضحية بها من أجل الأفضل؟ ولكن هناك خطر.

الخطر يكمن في المبالغة. أن تتواضع لتظهر للناس، وأن تتظاهر بأنك أقدس منهم. فقط كن طبيعيًا، لأن اللحظة التي تبدأ فيها بمدح نفسك بتواضع قد تكون الخطوة الأولى نحو فقدانها، لأن المديح عظيمٌ جدًا على الإنسان. المديح قد يدمر الإنسان.

الحمد لله وحده. عندما يتقبل الإنسان الحمد، يصعب عليه ألا يتضرر. يبدأ بالتعالي على نفسه، ويشعر بتفوق زائف. هذا السلوك من صفات الشيطان، ولا يصلح للاستهلاك البشري، وقد يسبب أحيانًا اضطرابًا نفسيًا؛ إذ يحاول الإنسان أن يكون متدينًا، وهو أمر يفوق قدرة الإنسان.

خلق الله تعالى الإنسان بفطرة عبادة. ومن فطرة الإنسان أن يُحمد خالقه. فلا ينبغي للإنسان أن يتقبل المديح كأنه هو الخالق، فإن فعل ذلك أخطأ.

كثيرًا ما يخطئ الإنسان ظنًّا منه أنه قادر على ارتكاب الخطأ والإفلات منه. عليه أن يعلم أن هناك عدالةً طبيعيةً لا مفرّ منها، عدالةً تُحيط بكلّ جانبٍ من جوانب الوجود بسهولة.

العدالة التي يجب علينا أن نعرفها ونحترمها. يقول الله تعالى في القرآن الكريم: (وخلق هذا الخلق بالحق). وهذا لا يمكن الاستهانة به.

كل جزء من عالمنا، بما في ذلك أنفسنا، خُلِقَ في عدل؛ عدلٌ يستدعي المساءلة. أحيانًا نقلل من عظمة الله تعالى. فهو الذي خلق الإنسانَ مُلِمًّا بالقدرات.

ووضعه الله في عالم من العوائق، مصمم لدفعه والتأثير على تطوره، فخلق الله العالم بأمثلة للإنسان ليراه ويقلده، وخلق له الوسائل لدعمه.

الحمد لله الخالق العظيم . للحفاظ على التنمية البشرية صحية وعلى المسار الصحيح، فإن ذلك يتطلب الجهاد.

الجهاد الصراع الداخلي

الجهاد يعني النضال ضد القوى المهددة.
أعظم جهادٍ قد يواجهه الإنسان هو صراعه الداخلي،
جهادٌ لإنقاذ روحه. إنه صراعٌ ضد المفاهيم والسلوكيات
الغريبة والمنحرفة التي قد تُشوّه الروح الإنسانية.

لقد وهب الله تعالى الإنسان عطايا لم تُمنح لأي مخلوق
آخر. من هذه العطايا حرية الإرادة، وهي حرية لا يملكها أي
مخلوق آخر، حرية الاختيار. أما بقية المخلوقات، فهي خاضعة
للقانون والغريزة، ولا تستطيع أن تُعقلن كما يفعل الإنسان.
مع حرية الاختيار يأتي النضال من أجل السلوك المسؤول.

مع أن الإنسان مُنح هبة النمو البشري اللامحدود، إلا
أنه قد ينحدر إلى أدنى الدركات. أحيانًا يرتكب الإنسان
أفعالًا لا تليق بكرامة الحيوان. تقع على عاتق كل إنسان
مسؤولية الوقاية من التأثيرات المدمرة وتنمية روحه.

إن اختيار الجنة أو الجحيم يقع على عاتقك.
المعرفة المُعلنة حكمةٌ سامية. ينبغي إدراكها وفهمها
واحترامها على هذا النحو لضمان نموٍ وفهمٍ بشريين سليمين.

يحتاج الإنسان إلى الفهم لمنافسة الشيطان؛ لأن الشيطان نما وتطور هو الآخر. وتروي الأساطير أن الشيطان بدأ في جنة عدن ينزلق على بطنه كالأفعى. وبعد فترة، تطور إلى تنين نافث للنار، ثم إلى طائر كوكاتريس نافث للنار، أي أنه اكتسب حكمة عالية.

الشيطان هو شيطان ماكر ومؤامر،
وللتغلب عليه تحتاج إلى الفهم.

يُطلق على الشيطان اسم العدو اللدود.

الحقيقة غير المرئية

يميل الإنسان إلى التقليل من قيمة حقائق
عالمنا التي لا تُرى بالعين المجردة. لكن الحقيقة
هي أن أقوى الحقائق الموجودة غير مرئية.

القوة التي تبقي كوكبنا الأرض معلقًا في الفضاء
بسهولة (على الرغم من أن وزن الأرض أكثر مما يمكن
قياسه) هي القوة التي تبقيها معلقة غير مرئية.

يسمح الكلام الصوتي للإنسان بالتواصل
بالأفكار والنوايا، والكلام غير مرئي.

إن العواطف غير مرئية، ولكنها يمكن أن يكون لها تأثير
عميق على تصرفات الإنسان سواء كانت إيجابية أو سلبية.

نحن بحاجة إلى أن نفهم أن أقوى
الحقائق في عالمنا غير مرئية.

نشعر أحيانًا بالخوف عند الخوض في نقاشات حول الإدراك
الحسي الفائق. غالبًا ما يُعتبر هذا النوع من الإدراك مستحيلًا،

ولكن إذا سلّمنا بأن هوائي الراديو من صنع الإنسان، ويستطيع التقاط صوت وصور واضحة من على بُعد مئات الأميال، فعلينا أن نسلّم بأن أدقّ كائن على وجه الأرض، وهو الإنسان، يمتلك هذه القدرة أيضًا، ولكن في الغالب لم تُطوّر هذه القدرة لدى الإنسان، وعلينا الحذر من المُدّعين بامتلاك إدراك حسي فائق.

الجوهر الحقيقي للإنسان غير المرئي.

الشيطان، العدو اللدود للبشرية، لا يُرى بالعين المجردة. لكن وجوده أسوأ من كل شيء.

خالقنا الله عز وجل غير مرئي. ولكن عندما ننظر إلى خلقه المادي العجيب، فإنه يساعدنا على الفهم.

لأن كل ما نستطيع رؤيته في العالم المادي ولد من الواقع غير المرئي.

كويست

من أجل الفهم العالمي

فهم

تُستخدم اللغة في كثير من الأحيان بطريقة
لتوصيل الأفكار والمعلومات إلى مجموعة مختارة
من الأشخاص وبعيدًا عن متناول عامة الناس.

يتم استخدام الألوان أيضًا بهذه الطريقة.

أحمر وأسود
(شغف أعمى)

Understanding the Wisdom, the Insight and the

Secrets of NINE

Abid Shakir

فهم الحكمة والبصيرة وأسرار التسعة

مقدمة

يهدف هذا المنشور إلى تقديم نظرة ثاقبة على الرقم تسعة، وفهم كيفية استخدام الأرقام رمزيًا لنقل المعرفة إلى نخبة مختارة. يحمل الرقم تسعة قيمةً ومعنىً يبدأان في رحم الأم، وينضجان مع إدراك الإنسان وتطوره؛ ويكمن اكتماله في الفهم البشري.

الحكمة فى الرقم تسعة وعلاقتها بالكتاب المقدس والتطور البشري

لفهم قيمة وحكمة الرقم تسعة في الكتاب المقدس والتطور البشري، عليك أن تبدأ بفهم الرقم ثلاثة وأهميته للنمو البشري السليم. يُمثل الرقم تسعة الرقم ثلاثة في أقوى صوره وأكملها؛ والعامل المشترك للرقم تسعة هو ثلاثة. لفهم أهمية الرقم ثلاثة للنمو والتطور البشري، يكفي أن تُدرك مدى استخدامه رمزيًا في جميع أنحاء المجتمع.

يدور الاستخدام الرمزي للرقم ثلاثة حول
ثلاثة تطورات إنسانية أساسية: التطور الجسدي،
والتطور الأخلاقي، والتطور العقلي.

يبدأ النمو السليم للإنسان باحتياجاته الجسدية
الأساسية، أي الاستقرار الجسدي والمادي. يجب تلبية
هذه الاحتياجات أولًا. ثم يأتي التطور الأخلاقي، حيث
يجب أن يتمتع الإنسان بضمير أخلاقي سليم. ثم يأتي
التطور العقلاني، أي التفكير العقلاني السليم.

هذه التطورات الثلاثة هي مفاتيح تنوير الفهم. لتحقيقها، ينبغي على الشخص أن يسعى جاهدًا للجمع بينها دون تعارض، ثم يصل إلى التطور الرابع، وهو مزيج من التطورات الأساسية الثلاثة. التطور الرابع هو تنوير الرؤية (الفهم الشامل). قصة المسيح يسوع في الكتاب المقدس خير مثال على الاستخدام الرمزي للثلاثة.

يتم استخدام الرقم ثلاثة بشكل متكرر، للتأكيد على قيمته للقارئ،

في قصة حياة المسيح رسالة خفية عن التطور البشري والفهم الشامل. هذا النوع من المعلومات الخفية موجود في جميع أنحاء الكتاب المقدس، وليس فقط في الكتاب المقدس، بل نجد أمثلة خفية عن التطور البشري في جميع أنحاء مجتمعنا.

يحمل الرقم تسعة قيمةً في تمثيله للثلاثة في أقوى صورها. تنشأ قيمة الرقم تسعة في رحم الأم، ويبدأ الله تعالى في ترسيخها مع نمو الطفل. يكتمل شكل الطفل الجسدي بعد تسعة أشهر. يولد الطفل في وعيه.

النمو السليم للإنسان هو السعي نحو الفهم الشامل والوعي الأخلاقي، فإذا لم يتحقق هذا النمو في الشخص، فقد يصبح ضحية لتأثيرات غير أخلاقية ويموت ميتة روحية، ويُعتبر من الأموات السائرين؛ فالزومبي حقيقة! يدرك أصحاب العقول الثاقبة أن الحياة الروحية تعني وعيًا بدورهم في الإنسانية؛ إذ يُستبدل الوعي الأخلاقي السليم بالعنف والانحراف. ثقافتنا تتعرض لهجوم من المتآمرين على الإنسانية.

لقد درّب المتآمرون الناس على عدم تصديق
نظريات المؤامرة. إنهم مخادعون ماهرون، خالقو الموتى
السائرين؛ أموات بالروح التي وهبها الله للإنسان في
البدء لأبينا آدم. عندما يتمكن الإنسان من تجربة التطور
السليم والوعي بدوره في الإنسانية، فإنه قادر على إيجاد
التوازن السليم بوفرة. الرقم تسعة رمز لهذا التطور.

نظرة ثاقبة على الأرقام كرمز للاكتمال فيما يتعلقً بالتطور البشري

فهم الرؤية إلى الرقم تسعة.

لفهم معنى الرقم تسعة، تُعدّ المحكمة العليا الأمريكية نقطة انطلاق جيدة جدًا، فهناك تسعة أعضاء فيها لسبب وجيه؛ إذ يُمثل القضاة التسعة الحكمة والبصيرة. هذه المحكمة هي أعلى محكمة في البلاد للعدالة، حيث تُحسم الأمور. تُقدّم المحكمة الإكمال.

إذا أدرك الشخص العادي مدى تكرار استخدام المعرفة المكشوفة بشكل رمزي في جميع أنحاء ثقافتنا، فإن معظم الناس سوف يصبحون متدينين لأنهم سوف يفهمون قيمتها الحقيقية.

يمثل القضاة التسعة اكتمالًا، ولكن لفهم ذلك بشكل صحيح، نحتاج إلى شرح أعمق. لغة الكتاب المقدس رمزية للغاية. في الرقم تسعة، ستجد الرقم ثلاثة في أقوى صوره، ولكن الرقمين أربعة وخمسة يُستخدمان أيضًا لتمثيل اكتمال التطور البشري.

يرمز الرقم أربعة إلى التنوير (الفهم الكوني). يمثل الرقم أربعة التطورات الأساسية الثلاثة المتناغمة؛ أي أن رغباتك المادية والجسدية تتوافق مع الأخلاق الحميدة، ومفاهيمك الأخلاقية تتوافق مع التفكير العقلاني السليم. عندما تتناغم هذه التطورات في الشخص، يتمكن من إيجاد التطور الرابع، وهو الفهم الكوني.

الرقم خمسة هو رقم آخر غالبًا ما يوجد في المعرفة الموحاة.
ولكن ليس فقط في المعرفة الموحاة، فإن الرقم خمسة متجذر
جيدًا في الخلق وكذلك في الكتاب المقدس. ومن الأمثلة
الجيدة على ذلك تكوين جسم الإنسان، حيث يتم التعبير
عن الرقم خمسة مرارًا وتكرارًا سواء المرئي أو غير المرئي،
ومن الأمثلة الجيدة في الكتاب المقدس قصة داود وجالوت؛
حيث يذكر الكتاب المقدس أن داود التقط خمسة أحجار
ملساء من الماء لمواجهة جالوت. يمثل الرقم خمسة في
لغة الكتاب المقدس الرمزية الحواس الخمس، والحواس
الخمس تمثل رمزيًا قيمة الحس السليم. ويدرك علماء الكتاب
المقدس هذه الحقيقة. تُستخدم قصة داود وجالوت للتأكيد
على قيمة المعرفة الحس السليم والحفاظ عليها. استخدم
داود التفكير السليم والمنطق السليم لهزيمة جالوت.

يمثل داود مجتمعًا صغيرًا يتمتع بالضمير الأخلاقي،
بينما يمثل جالوت طبقة حاكمة كبيرة انحرفت عن المنطق
الأخلاقي السليم؛ التقط داود خمسة أحجار ملساء من الماء
لمواجهة جالوت. تعني كلمة "ماء" في اللغة الرمزية الكتابية
الضمير الأخلاقي، والتشديد على أن الحجارة ملساء يعني فهمًا
أخلاقيًا راقيًا. ألقى داود حجر (قانون) المنطق الأخلاقي في
جبهة جالوت (جزء الرأس المخصص للتفكير العقلاني).

الرقم خمسة هو أساس الإنسانية. لا يمكن للإنسان أن يوجد بدون حواسه الخمس، وبدونها تبقى الروح البشرية فارغةً وخاليةً من أي فكرة عن الخلق، عاجزةً عن تخيل صخرة. يقول الله تعالى في كتابه أن الإنسان خُلق في اليوم السادس؛ ولكن في اليوم الخامس خلق الله الحواس الخمس (الوجود المادي)، ومن ذلك نشأ الإنسان العاقل.

الأرقام ثلاثة وأربعة وخمسة هي أرقام تستخدم عادة لتمثيل تطور الروح البشرية.

تُعلّم نسبة كبيرة من المعرفة المُعلنة في الكتب المقدسة المبكرة التطور البشري. وهناك العديد من القصص المختلفة التي تُعلّم نفس منطق التطور البشري. على سبيل المثال، تُعلّم قصة قابيل وهابيل رمزيًا أهمية التوازن. لغتها بسيطة وواضحة لدرجة أنه من السهل إغفالها. يُعطي قابيل انطباعًا بشخص من ذوي الاحتياجات الخاصة ويحتاج إلى عصا للدعم، بينما يُعطي هابيل انطباعًا بشخص يتمتع بتوازن جيد. تُعدّ قصة قابيل وهابيل مثلًا عن أهمية التوازن، ويمكن إيجاد الدرس نفسه في قصة النبي نوح والأهمية المُعطاة للزوجين. يُمكن العثور على الزوج في جميع أنحاء الخلق؛ الليل والنهار، الأرض والماء، الذكر والأنثى، اليسار واليمين، الشمس والقمر، الشتاء والصيف، الجسد والروح. كما تُعدّ قصة الزوج مثلًا عن أهمية التوازن.

التوازن هو حجر الزاوية للنمو البشري السليم. يُمثل المسيح يسوع عودة التوازن إلى الروح البشرية؛ ويُطلق عليه اسم المجيء الثاني لآدم. تُجسد قصة حياته الروح الأصلية للبشرية، الروح التي وُهب آدم إياها قبل أن يُغويه الشيطان. آدم والمسيح هما الثنائي الأبرز في الكتاب المقدس. خُلق آدم ليكون فلاحًا، رجلًا مُجتهدًا. أمر الله تعالى آدم أن يُخبر الملائكة بأسمائهم (أي أن يُبين لهم طبيعتهم). دور آدم في الكون هو العمل والعلم. ولا يزال آدم يُسمي الأشياء في كوننا.

آدم هو ذلك الجزء من الروح البشرية الذي خلقه الله للتقدم والنضج الجسدي، ودور المسيح عيسى عليه السلام هو الرحمة والفهم الشامل. كلاهما معًا يُضفيان التوازن على الروح البشرية. ينبغي النظر إلى آدم والمسيح كنوعين من الروح، لا ككائنين ماديين. تذكروا أن آدم خُلق أولًا في السماء ثم أُنزل إلى الأرض (الجسد هو الأرض). اختار الله تعالى جماعة من الناس تناسب روحهم على أفضل وجه، وباركهم بروح آدم؛ قال الله تعالى في سفر التكوين "وسميناهم آدم". آدم مفرد ومتعدد (نفس واحدة وأجساد متعددة). يعيش كل من آدم والمسيح في روح بشرية متوازنة.

فهم

الكتب المقدسة الموحاة حكمة سامية، لكن الكثير
من المعرفة الكتابية مُخبأة في طقوس ورمزية للحفظ
والحماية. أدرك حكماء القدماء أنه للحفاظ على المعرفة
الموحاة وحمايتها من المتآمرين لإيقاف تطور الفهم
العالمي للبشرية، يجب إخفاء المعرفة الكتابية في الرمزية
والطقوس ورواية القصص. أخفى حكماء القدماء معرفة
الوحي للحفظ، بينما يُخفيها متآمرو اليوم للهيمنة.

من خلال التآمر لإخفاء المعنى الحقيقي للكتاب المقدس عن عامة الناس؛ وإثقال الناس بفهم ابتدائي للكتاب المقدس، وإثقالهم بمفاهيم تتعارض مع العلم والمنطق السليم، مع العلم أن أنماط التفكير هذه لن تقود الناس أبدًا إلى النور الحقيقي.

إن الأفعال تُحكم بالنوايا؛ والرجل الذي يخفي المعرفة بغرض إبقاء عامة الناس في أسفل القائمة هو شرير ولا يشبه الحكماء القدماء لأن نواياهم كانت طيبة.

يجب مشاركة المعرفة المُنزهة مع المحتاجين، فمن يُخفيها ويُخفيها لأسباب أنانية لن ينعم بكامل نفعها، لأن إخفاؤها خطأ أخلاقي. ومن مفاتيح النمو الإنساني الكامل التحلي بالضمير الأخلاقي، والوعي الأخلاقي ضمانة وضعها الله تعالى على حقيقته، وهي ضمانات قائمة على القانون الذي ينص على أنه لا يجوز لأحدٍ إلا الصالحين المساس بها. يعلم المتآمرون أنه إذا أُتيح الفهم الحقيقي لعامة الناس، فإن سيطرتهم على الجماهير ستبدأ بالانفلات.

يستخدم المتآمرون الخوف والتنبؤات الكاذبة والأساطير والرمزية غطاءً لإخفاء الحقيقة عن عامة الناس؛ لكن هذا يوم أمل وعدل خالقنا، وللظالمين أن يسجلوا ويكرروا الحقيقة الموحاة، لكن لا يُسمح لهم بعيشها. لن يتمكنوا أبدًا من تجربة السلام والنمو المتبادل الذي تجلبه المعرفة الموحاة للروح البشرية، فبدون ضمير أخلاقي، لن يتمكن الإنسان من إدراك التنوير الإنساني الكامل.

يمكن العثور على المعرفة الخفية المكشوفة في جميع
أنحاء ثقافتنا، حتى في القصص الخيالية، فجميعها مبنية على
حفظ الكتب المقدسة المتعلقة بالتطور البشري. إذا نظرنا إلى
قصة سنو وايت الخيالية، يمكننا أن نرى نفس الخطأ الذي
ارتكبه آدم في جنة عدن؛ قضمة تفاحة ونوم عميق. التفاحة
الحمراء ترمز إلى العاطفة الجامحة، والشيء الوحيد الذي
يمكن أن يُنهي هذا النوم العميق للمجتمع هو قبلة الحقيقة.

تُمثل قصة آدم في جنة عدن وقصة سنو وايت رمزيًا
مجتمعاتٍ أُغويت بشغفٍ جامح، مما أدى إلى سباتٍ عميقٍ في
أفضل العقول البشرية. يُمكن العثور على هذا النوع من الرمزية
في شكل سرد القصص في جميع أنحاء ثقافتنا وكذلك في الكتب
المقدسة. إذا نظرنا إلى قصة ذات الرداء الأحمر، يُمكننا أن
نرى هدف المتآمرين، ونواياهم هي استخدام العاطفة العمياء
(الأحمر والأسود) لتدمير المجتمع؛ لإضعاف الناس أخلاقيًا،
وعندما تهب رياح العواطف على نموهم الأخلاقي، سيتعرض
نموهم للخطر إذا لم يُبنَ على قانون (صخرة) الحقيقة الأخلاقية.

فهم أسرار الرقم تسعة كرمز للتطور البشري

فهم أسرار التسعة

أسرار التسعة راسخة في نسيج ثقافتنا، مختبئة في العلن.
أسرار التسعة مخفية في سرد القصص والطقوس والأساطير
والألعاب. البيسبول مثالٌ رائعٌ على لعبةٍ تُستخدم لحفظ المعرفة
المُعلنة. صُممت قواعد اللعبة لتعكس حفظ النصوص المقدسة
المتعلقة بالتطور البشري. تُمثل القاعدة الأولى والثانية والثالثة
رمزيًا المراحل الثلاث للتطور البشري. يُمثل لوح المنزل توحيد
هذه المراحل الثلاث والفهم العالمي.

تستمر لعبة البيسبول تسعة أشواط. يرمز الرقم تسعة إلى
اكتمالها. ويمكن إيجاد نفس المثال على الرقم تسعة في
لعبة الغولف. تُكمل تسع حفر من الغولف اللعبة. هذه أمثلة
بسيطة، ولكن عند فهمها فهمًا صحيحًا، تحمل في طياتها
ثروةً عظيمةً للتنوير البشري. إن المعرفة البسيطة، وإن كانت
قيّمة للغاية، بالتطور البشري متأصلة في ثقافتنا؛ والحقيقة
المحزنة هي أن في مجتمعنا مؤامرةً كبرى ضد الإنسانية. هناك
أناسٌ غارقون في الجشع والرغبة الشديدة في السلطة. وقد
وضع هؤلاء أنفسهم في مناصب قياديةٍ ذات نفوذٍ وسلطة.

سيفعل المتآمرون أي شيء للحفاظ على سيطرتهم على العامة؛ إنهم أغبياء، يقودون المجتمع بعيدًا عن الضمير الأخلاقي والتواضع إلى سلوكياتٍ مُخزيةٍ ومنافيةٍ للطبيعة. يعلم المتآمرون أن هذا النوع من السلوك قد يُغضب الله، وقد يجلب عقابًا من الله القدير من خلال قوى الطبيعة. إنهم يدركون ذلك جيدًا، لكنهم يحاولون إخفاء هذه الحقيقة عن العامة، من خلال تسمية وتوصيف الطقس حتى يتمكنوا من القول: لا تقلقوا، هذا مجرد تمثيل من نيني.

كما يحاولون إقناع الناس بأنهم يعرفون أكثر مما يعرفونه بالفعل من خلال تنبؤات غير عادية للأحداث القادمة، وهي تنبؤات تمتد عبر أجيال بهدف إذهالهم والتأثير عليهم.

إن توقعاتهم ليست توقعات على الإطلاق، بل هي الخطط والمخططات التي صممها أجيال إخوانهم قبلهم؛ والمصممة لإبقاء الجماهير عمياء عن تحذيرات وحركة خالقنا.

يحاول متآمرو "الرئيس" تبرير أفعالهم بالقول إنهم يعملون في الحقيقة لخدمة قضية الله، وذلك بجرّ المجتمع إلى الانحلال الأخلاقي، مما يدفع الناس إلى الاستياء من هذا النوع من السلوك والتوجه إلى الله، لكن المتآمرين كاذبون ومنافقون. إنهم لا يريدون سوى خدمة جشعهم وغرورهم.

يعلم المتآمرون أن الله عز وجل يستخدم الماء والريح غالبًا كتحذير للناس؛ فيتصرفون كالخراف السوداء، فيقودون الناس إلى سخط الله. هناك من يظن أن الأمر كله يتعلق بالمال والثروة، غافلين عن أنهم يساعدون الكبرياء الأصلي (الشيطان) الذي لا هدف له سوى سقوط آدم. إن مؤامرة تقويض خيرة الروح البشرية لها جذور راسخة في صناعة السينما. هناك محاولة متعمدة لتقويض الكتاب المقدس.

ثمانون بالمائة من جميع الأفلام المُنتجة مبنية على معرفة مُعلنة، ولا أشك في حسن نية بعض المنتجين والمخرجين، ولكن هناك عقلية سائدة في صناعة السينما وفي بقية العالم تُقوّض عمدًا الإلهام البشري واحترام خالقنا؛ لكنهم أنفسهم يدركون ذلك جيدًا. يعتقدون أن الله تعالى مُقيّد بعدله، وما داموا لم يتجاوزوا حدودًا مُعينة، فسيكونون بخير. إنهم يؤمنون بوجود الله تعالى دون شك.

أي عقلٍ هذا الذي يتحدى الخالق؟ أي عقلٍ يتعمد إهانة خالقنا وكرامة البشرية هو عقلٌ شرير. إن إفراطهم في استخدام أنفسهم وأموالهم لإهانة الله دليلٌ على أنهم يعلمون بوجوده.

فهم

تعتمد معظم ألعاب ثقافتنا على المعرفة السرية. لعبة مصممة لتوضيح خطة (TIC-TAC-TOE) ""تيك تاك تو لإيقاف تطور الفهم العالمي. تتكون اللعبة من تسعة مساحات، وهدفها هو إيقاف توحيد التطور البشري والفهم العالمي.

X	X	O
O	X	X
X	O	O

O	O	X
X	O	O
X	O	X

↗

التوحيد

تعتبر لعبة "إكس أو" مثالاً جيدًا جدًا للمعلومات المخفية المزروعة في ثقافتنا لكي يفهمها عدد قليل من الأشخاص وتكون بعيدة عن متناول عامة الناس.

مثالٌ آخرٌ رائعٌ على المعلومات الخفية في ثقافتنا هو الهرم؛ فعندما تنظر إلى الهرم من أي جانب، سترى ثلاث زوايا، ولكن عندما تنظر إلى قاعدته، سترى أربعة أضلاع متساوية. وعلى بعض الأهرامات عينٌ تُشعّ ضوءًا. يُعدّ الهرم رمزًا رائعًا يُستخدم لتوضيح التقاء التطورات الثلاثة والفهم العالمي.

فهم

إن أثمن ما يمكن أن يمتلكه الإنسان هو وعيه بالله تعالى،
ووعيه بذاته ككائن متطور يبحث عن الحقيقة والهداية.

تذكر أن دور الشيطان هو التشويش والتضليل. الرقم تسعة هو
رمز يُستخدم ليعكس تطور الإنسان. تسعة يعني الاكتمال، وعشرة
يعني الوعي (يصل الطفل إلى الوعي بعد تسعة أشهر من النمو).

من المهم جدًا أن يدرك الإنسان ذاته ككائن متطور، وأن يفهم القوى التي تهدف إلى عرقلة هذا التطور بإخفاء وتشويه المعلومات المصممة لتنمية وتوجيه الباحثين عن الحقيقة والفهم. يصعب فهم هذا الأمر إذا لم يكن الشخص عضوًا في جماعة ما، وحتى في هذه الحالة، ستكون المعلومات المكتسبة على الأرجح معرفة رمزية مصممة للتضليل.

فهم

كان المؤسسون العظماء لبلادنا رجالاً ذوي فهمٍ عميق.
هؤلاء الرجال ذوو المعرفة والحكمة الواسعة أسسوا ثقافتنا
على المعرفة المُنزّهة واحترام الخالق؛ كانوا رجالاً يمتلكون
الموارد والوسائل التي أتاحت لهم البحث في جميع أنحاء
العالم عن الفهم والحكمة. لقد أدركوا قيمة المعرفة المُنزّهة
وجعلوها أساس بلدنا، وهي منسوجة في جميع أنحاء ثقافتنا؛
من الرصاص الفضي للفارس الوحيد إلى نقش "بالله نثق" على
عملتنا، فلا تنخدعوا بالتقليل من قيمة المعرفة المُنزّهة.

أسأل الله العلي القدير أن يرحم أبينا آدم، والمسيح عيسى، والنبيين الجليلين نوح وداود، ويسكنهم فسيح جناته، وأن يرزق ذريتهم ورفاقهم الصبر والسلوان.

أهدي هذا الكتاب إلى قائدي ومعلمي ورسول الله العظيم، الإمام وارث الدين محمد (الذي يحاولون إغفاله). أسأل الله له الرحمة والمغفرة.

أصبحتُ طالبًا للإمام محمد في عام 1975، وبصفتي محاربًا قديمًا في فيتنام يحتاج إلى التوجيه ويبحث عنه، تعرفتُ على الإسلام وقيادة الإمام دبليو دي محمد الذي كان في عامه الأول كزعيم جديد لأمة الإسلام بعد وفاة والده الجليل إيليا محمد، وخلال السنوات الثلاث والثلاثين من قيادة الإمام محمد، نما أتباعه ليصبحوا أكبر جالية مسلمة في أمريكا الشمالية. يُعتبر الإمام محمد من بين المتحدثين الرئيسيين باسم العالم الإسلامي بأكمله، وما يقلقني هو أن معظم وسائل الإعلام اختارت عدم تغطية قيادة الإمام محمد بطريقة تجعل عامة الناس أكثر دراية بعمله؛

مع أنهم كانوا على دراية بتعاليمه، إلا أنني كنت أعرف ذلك لأنني كنت أسمع لغته في تقاريرهم. أجد العزاء في استذكار أحد أقوال الإمام محمد، حيث قال: "للحق سبيلٌ إلى الانفجار من القبر وإيجاد طريقه إلى أروقة العدالة".

وهذا يُخبرني أنه مهما حاول أصحاب النفوذ والسلطة تجاهل أعمال الله تعالى وإخفاؤها، فلن يُفلحوا. اعتنقتُ الإسلام في سبتمبر/أيلول عام ١٩٧٥ بقيادة الوزير والاس د. محمد، الذي غيّر اسمه لاحقًا إلى الإمام وارث الدين محمد.

كانت تعاليم الإمام مُنيرة للغاية، ولم أعهدها من قبل. منذ
البداية، كنتُ على يقين من صحة تعاليمه، ومن الصعب شرح
كيفية تعرّفي على الحقيقة في الدين، فقد شعرتُ باكتمالٍ
وسعادةٍ حقيقيين في الدين لأول مرة. نشأتُ في صغري في بيئةٍ
دينيةٍ للغاية، حيث عشتُ مع عمتي وجدتي. كانت عمتي تقود
فرقةً لغناء الترانيم الإنجيلية، وكانت تُعقد اجتماعاتٌ للغناء
والصلاة مرتين وثلاث مرات أسبوعيًا في منزلنا؛ حتى في تلك
البيئة، لم أجد الفهم والسلام اللذين أحتاجهما في الدين.

وجدتُ الطمأنينة والفهم في تعاليم الإمام وارث الدين
محمد. دامت قيادة الإمام محمد ثلاثة وثلاثين عامًا.
رحل عن عالمنا في شهر رمضان المبارك، ومن المعلوم
أن وفاة المسلم في شهر رمضان تُرجّح كفة دخوله الجنة.
رحل الإمام محمد في شهر رمضان، وهو الشهر التاسع
من التقويم القمري، وكان رحيله في سبتمبر/أيلول من
الشهر التاسع من التقويم الغربي، في اليوم التاسع منه.

يتناوب بدء شهر رمضان كل عام، ولا أحد يعلم تاريخ بدايته أو نهايته قبل رؤية الهلال الجديد. ولوفاة الإمام أهمية بالغة، ليس فقط تاريخ وفاته، بل أيضًا تاريخ ميلاده. وُلد الإمام و. د. محمد في الشهر العاشر في اليوم الثالث، خلال عام ثلاثة وثلاثين، واستمرت قيادته ثلاثة وثلاثين عامًا، وكانت وفاته في الشهر التاسع من التقويم القمري، والشهر التاسع من التقويم الغربي في اليوم التاسع. كانت هذه، بالنسبة لي، بوادر خير على فتح أبواب الجنة على مصراعيها؛ فقد أُتمّت مهمته.

جزاك الله خيرًا أخي الإمام، ووعيٌّ رائعٌ حقًّا (عشرةٌ حقًّا).

آمل أن تجد من خلال قراءة هذا الكتاب
بعض الفهم، أسأل الله أن يباركك ويحفظك.

Abid Shakir

W.D. Mohammed 10/30/1933
to 09/09/2008

الله أكبر

X

X   X

X   X   X

X   X

X

Understanding the *Ark*

ARC

Abid Shakir

(فهم الفلك (القوس

هذا المنشور مبني على فهمي لتعاليم الإمام و .د. محمد. وأشكر الله على قيادة الإمام محمد ومنهجه السليم في التعامل مع الكتب المقدسة.

مقدمة

سيشرح هذا المنشور ويكشف النقاب عن السفينة الحقيقية ومعرفة معناها يُعدّ ARC إن فهم المعنى الحقيقي لـ (.Arc) بصيرة ثاقبة؛ لدرجة أن البشر حاولوا لقرون إخفاء معناها الحقيقي لأسباب أنانية. إحدى الطرق كانت تغيير تهجئة كلمة من أقوى أسرار العالم الحديث ARC تُعد معرفة ark. إلى arc وأكثرها كتمانًا. هذا المنشور محاولة لشرحها وتنويرنا.

القوس هو أي شيء على شكل قوس أو منحنى أو قوس.
يكتسب هذا المعنى قوة هائلة عند فهمه فهمًا صحيحًا في
ضوء الكتاب المقدس؛ معرفة بسيطة لكنها قوية. جبرائيل
هو الملاك الذي اختاره الله تعالى ليكون ملاك القوس، وهو
الملاك المُكلَّف بإيصال الوحي (الفهم الكوني) للبشرية
من خلال الأنبياء. يُرمز إلى العقل الكوني بدائرة كاملة،
وقد أنار الخالق الأنبياء المختلفين عبر العصور من خلال
(جبرائيل بقوس؛ وهو جزء من الدائرة (العقل الكوني.

ساهم الأنبياء السابقون، بمن فيهم المسيح عيسى عليه
السلام، في إحياء العهد العالمي. ونحن أكثر دراية ببعثة
النبيين الجليلين نوح وموسى (بعثة العهد). ساهم جميع
الأنبياء الأوائل في إحياء العهد العالمي. بدأ الوحي بآدم؛
ولكن يجب أن نتذكر أنه مع آدم كان هناك عدوه اللدود،
الشيطان. منذ البداية، كان الشيطان خصمًا لآدم، ولا يزال.

نذر الشيطان منذ البداية أن يُثبت عدم أهلية آدم ليكون أمينًا على الخليقة؛ وهي المكانة التي منحها الله تعالى لآدم، وكان الشيطان موجودًا في السماء قبل خلق آدم رئيسًا للملائكة. خُلِقَ الشيطان في منطق جاف (نار)، ورأى نفسه أعظم من أن يسجد لآدم؛ وبسبب غروره المتمرد، طرده الله من السماء إلى الأرض.

ملاحظة: خُلِقَ الشيطان في جنةٍ جافة؛ كلُّ منطقٍ
بلا رحمة، ويُوصَف خلقه بالنار لأنَّ المنطقَ العقلانيَّ
كالنار لديه القدرةُ على تحطيم العناصر. الشيطانُ
خالٍ من الرحمة، وخالٍ من الوعي الأخلاقي.

وضع الشيطان خطةً ليجعل البشر يرونه
أسطورةً لا حقيقة. الشيطان لديه القدرة على المشي
في جسد الإنسان أو لا، فاحذروا حيله.

العقل الكوني هو ما يسميه البعض "البيت" كلغة
مشفرة؛ فالبيت للإنسان هو الفهم. الدائرة حول رأس المسيح
يسوع هي علامة العقل الكوني. العقل الكوني هو القوس
الحقيقي، إنه المعرفة والفهم الهادف إلى خير البشرية.

وضع الشيطان خطةً ليجعل البشر يرونه
أسطورةً لا حقيقة. الشيطان لديه القدرة على المشي
في جسد الإنسان أو لا، فاحذروا حيله.
العقل الكوني هو ما يسميه البعض "البيت" لغةً مشفرة؛
فالبيت للإنسان هو الفهم. الدائرة حول رأس المسيح
يسوع هي علامة العقل الكوني. العقل الكوني هو القوس
الحقيقي، إنه المعرفة والفهم المُراد لخير البشرية.

تلاميذ المسيح الاثنا عشر هم أيضًا علامة؛ فالاثنا عشر هو الرقم المستخدم لتمثيل الكون. عرفت الكنيسة القوس الكوني منذ قرون، لكنها لم تُشارك اكتشافاتها مع عامة الناس؛ بل أبقت معرفتهم بالقوس مخفية بينهم، واختلقت طقوسًا مُشفرة طويلة كعلامات على معرفتهم بالقوس الحقيقي. أطلقت الكنيسة على نفسها ألقابًا مثل رئيس أساقفة، ورئيس أبرشية، وهرمية، كلغة رمزية لفهمها للعقل الكوني؛ القوس الحقيقي لله القدير.

أدرك الباحثون عن المعرفة والفهم قيمة القوس وكنوزه مبكرًا، وأسسوا ثقافةً متكاملةً في دراسة علم الآثار، ولم يُشاركوا الكنوز التي عُثر عليها في مصر وغيرها مع العامة؛ بل خزّنوا وأخفوا اكتشافاتهم في أرشيف الآثار. من خوّلهم إخفاء الوحي عن خالقنا لأسبابٍ أنانية؟ مع علمهم بحاجتهم إلى هذه المعرفة، سمحوا للعامة بالحيرة والتساؤل حول مفاهيم غير واقعية عن القوس الحقيقي، وهو أمرٌ مُريع؛ إن

حرمان عامة الناس من التنوير وحجبه عمدًا أمرٌ مُريعٌ للغاية. تكمن معضلتهم في أنهم يفهمون ويعرفون مفاتيح الكتاب المقدس والمعرفة والبصيرة التي يرمز إليها القوس؛ إنهم يفهمونها ويدركونها من الداخل والخارج، لكنهم لا يستطيعون الاستفادة الكاملة من المعرفة لأن نواياهم ليست نقية.

لكن عامة الناس يستفيدون من المعرفة لأنهم أبرياء. ختم الله تعالى على القوس، ختم الحقيقة القادر على محو شوائب القلوب والنوايا.

مُبكرًا (ARC قرر مُحتكرو المعرفة (التي تُقدمها عن عامة الناس. ARC إخفاء المعنى الحقيقي لـ وقادوا العالم في مطاردةٍ مُضللةٍ بحثًا عن سفينة (سفينة نوح) كانوا يعلمون أنها غير موجودة.

ARCHIDE – ملاحظة: الأرشيف

لقد سمحوا لعامة الناس بالصراع مع مفاهيم غير واقعية عن قوس النصر، كوسيلة لإبقاء عامة الناس في الظلام، بعيدًا عن حقيقة قوس النصر العظيم لله تعالى. وأبقى محتكرو المعرفة العامة في جهل عن المساهمات الحقيقية للأنبياء ودورهم الحقيقي.

ملاحظة: سفينة نوح؛ لم تكن السفينة موجودة قط؛ قصة السفينة التي بناها النبي نوح لحمل اثنين من كل نوع من الحيوانات، كلها رمزية. إنها قصة مصممة للحفاظ على أهمية التوازن (الزوج) ونقلها.

بدأ الوحي مع آدم

كان إسهام أبينا آدم عليه السلام في فهم مكامن الشغف وقيمة العمل والعلم؛ كان آدم أول عالم، وأمره الله تعالى أن يُخبر الملائكة بأسمائهم (أي أن يُبين لهم طبيعتهم)؛ فالملائكة هي القوى الطبيعية للكون. رُبّي آدم عليه السلام لزراعة الكون؛ وهي مهمة تتطلب دراسةً وفهمًا.

آدم لا يزال يُسمّي الأشياء؛ إنه ذلك الجزء من الروح البشرية الذي يسعى لفهم عالمه وإخراج أفضل ما فيه. إنه فلاح الأرض، رجل العمل والعلم. كان على آدم أن يتعلم مصائد الشغف؛ الشغف هو الجن، ويجب التحكم في طبيعة الجن بالنوايا الحسنة والقوة المعنوية. يمكن للشغف أن يؤدي إلى الخير والازدهار، ولكن إذا سُمح للشغف بالتجول بشكل أعمى في المجتمع، فإن طبيعة الجن لديها القدرة على قيادة الروح البشرية إلى أعماق الجحيم، لذا احذر؛ لا يوجد تطرف جيد. التوازن هو مفتاح النمو البشري. يمكن للشغف الجامح أن يؤثر على الروح البشرية إلى حد أو آخر، سواء كان انحرافًا جسديًا وماديًا أو نفاقًا روحيًا، وكلاهما يمكن أن يكون قاتلاً للتطور البشري.

تذكر أن آدم انزلق، ففقد توازنه. التوازن هو المفتاح.

فهم سفينة النبى
نوح عليه السلام

سفينة النبي نوح هي الأكثر شيوعًا. أُنعم على نوح
بعلم التوازن (الزوج)؛ ففي خلقنا نجد الزوج، والتوازن
هو أساس الخلق. طبيعة الخلق هي التطور والنمو، والنمو
يتطلب دائمًا اثنين (زوجًا)، مثال ذلك: الشمس والقمر،
الأرض والماء، الشتاء والصيف، الذكر والأنثى، إلخ...

لقد حظي نوح بمعرفة التوازن ووضع تلك
المعرفة في قوس الفهم العالمي.

إن مساهمة النبي نوح في العقل الكوني
تتمثل في قيمة التوازن (الزوج).

وكان نوح أيضًا نذيرًا للطوفان (مياه الطوفان الفاحشة).

استيقظوا! من جديد يرتفع منسوب المياه؛ والبشرية
بحاجة إلى تعاليم التوازن التي وضعها النبي نوح.

لقد بارك الله النبي موسى بالعهد

كلّم الله موسى عليه السلام مباشرةً على جبل سيناء، ونال موسى عهد الله. وقد بحث علماء الآثار في أنحاء العالم لعقود عن قوس العهد، وحققت صناعة السينما نجاحًا باهرًا في إنتاج أفلام مثل إنديانا جونز وغيره بحثًا عن قوس العهد. وقد أدت التكهنات حول موقعه وقواه الغامضة إلى نظريات شتى، لكن الحقيقة هي أن قوس العهد محفوظ في صدور رجال طيبي القلوب.

من إسهامات أبينا إبراهيم الإيمان والعقل

لقد وُهِبَ أبونا إبراهيم فهمَ الخلق والخالق بالإيمان والعقل؛ فبحث عن وجود الله تعالى بإيمانٍ وتفكيرٍ عقلاني، وأدرك أن الله هو خالق السماوات والأرض وما بينهما. ليس لله بداية ولا نهاية، فهو المطلق، جديرٌ بكلّ حمدٍ، غنيٌّ عن كلّ حاجة. كان إبراهيم عبدًا أمينًا لله تعالى.

فهم القوس الأمريكي وعلاقته بفرسان الهيكل والماسونيين

كان الماسونيون بناةً بارعين، اشتهروا ببناء هياكل ذات
أقواس مترامية الأطراف ورموز خفية للمعرفة السرية؛ وكان
معظمها معرفة القوس العظيم. يمكن إرجاع الماسونيين إلى
جماعة تُسمى فرسان الهيكل، والتي يعود تاريخها إلى حوالي عام
1120 ميلاديًا. اشتهر فرسان الهيكل ببحثهم الدؤوب عن الكنوز
السرية؛ وكان معظمها فهم القوس الحقيقي وثقافاته المتشعبة.

يبذل الماسونيون جهودًا مضنية لإقناع العامة بأنهم ليسوا اليوم بنفس قوتهم السابقة، وهذا غير صحيح. إنهم اليوم أقوى من أي وقت مضى. كنوز المعرفة التي يزعمون أنها ليست ملكهم إطلاقًا. إنها وحي من الله عز وجل، معرفة موحاة، ملكٌ لجميع الناس. علينا نحن العامة أن نعي ونفهم القوس المقدس ومعناه الحقيقي وقيمته في الكتاب المقدس وفي نفع البشرية.

علينا أن نتخلى عن المفاهيم الأولية لقوس النصر المجيد، وأن نفهم أن جزءًا كبيرًا من النصوص القديمة عبارة عن قصص رمزية تحتاج إلى تفسير، فهناك العديد من القصص المختلفة التي تتحدث عن الشيء نفسه (التطور البشري). مفتاح فهم قصص النصوص القديمة هو ذكر الأرقام فيها، ومعرفة المعنى الرمزي لها. وقد اعتمد مخرجو الأفلام اليوم نفس الأسلوب في استخدام الأرقام في أفلامهم لربط رؤى سرية؛ فثمانون بالمائة من الأفلام التي صُنعت مبنية على نصوص موحاة.

الأرقام هي المفتاح

يُخاطبنا خالقنا الله تعالى من خلال العالم الطبيعي.
يحمل تكوين جسم الإنسان معلومات قيّمة للغاية، تُرشدنا
في نمونا. عندما ننظر إلى الرقم اثنين، ندرك قيمته في التوازن
البشري، بينما يرمز الرقم خمسة إلى قيمة الحواس الخمس
(الفطرة السليمة)، ولكن انظر إلى ارتفاع القوس في قبة
الجمجمة، وقيمته في التوازن والحركة في قوس القدمين.

يجب أن نعلم أن خالقنا يكلمنا طوال الوقت من خلال تركيبنا والعالم الطبيعي، وكلماته أعمق من كلماتنا، لأن كلماته مدعومة بالواقع والقوى الطبيعية. مشكلتنا هي أننا ابتعدنا كثيرًا عن الطبيعة والإيمان، ومن الصعب علينا التعرف على علاماته (كلماته)؛ ولكن إذا فتحنا أعيننا لنرى ونطيع، فإن العالم سيقدم لنا وجودًا أفضل.

أدى داود إلى سقوط
جالوت بحجر
على جبهته

داود قتل جالوت

التقط داود خمسة أحجار ملساء من الماء؛ واستخدم داود منطقًا سليمًا مُحكمًا ليُسقط جالوت. يُمثل الرقم خمسة الحواس الخمس، وهي أساس التطور للحس السليم. كل شيء في الخليقة يتطور؛ وتفكيرنا اليومي هو نتاج تطوري للحواس الخمس. مساهمة داود هي قيمة المنطق السليم والمنطق السليم.

ملاحظة: عندما نتأمل في تأثيرات الخرافات والانحرافات وغيرها من السلوكيات المصممة لتقويض التطور البشري، يتضح لنا لماذا أكد أنبياء القدماء على أهمية الحس السليم. فالحس السليم ليس شائعًا.

جان دارك، امرأةٌ مؤمنةٌ وشجاعة

قادت جان دارك المقاومة الفرنسية التي أجبرت الإنجليز على رفع الحصار عن أورليان عام ١٤٢٩. وفي سن السابعة عشرة، قادت جيشًا قوامه اثني عشر ألف رجل إلى راين، وتوجت دوفينها تشارلز السابع.

أُلقي القبض على جان دارك وحوكم بتهمة الهرطقة والسحر؛ وأُحرقت جان دارك على الخازوق عام ١٤٣١، ووُجهت إليها تهمة الهرطقة لإخفاء حقيقة ما كانت عليه. تكمن أهمية قصتها في لغة مشفرة، فحصانها الأبيض يرمز إلى نقاء الهدف، وسيفها يرمز إلى الكلمة الحقة؛ كانت جان دارك خادمة لله تعالى، وكانت ذات إيمان عظيم. يمكنك أن تجد قصصًا مثل جان دارك في جميع أنحاء ثقافتنا، وقصة أخرى هي قصة الملك آرثر وفرسان المائدة المستديرة. كان لدى فرسان المائدة

المستديرة مهمة للعثور على كأس المسيح يسوع، وكان لديهم إيمان كبير بقوة السيف. قصة فرسان المائدة المستديرة والملك آرثر قصةٌ مليئةٌ بالرمزية. ترمز المائدة المستديرة إلى معرفتهم بكأس المسيح الحقيقية (فهمٌ عالمي).

كان سيف القوة الذي كان الفرسان يؤمنون به كثيرًا، (S-WORD) مصنوعًا من الذهب والفضة؛ الكلمة المستقيمة يمكن العثور على هذا النوع من الرمزية في جميع أنحاء ثقافتنا، وهو يحمل مفاتيح البصيرة العظيمة.

ما يجب أن نعرفه هو أن معظم ثقافات العالم الحديث مليئة بالمعرفة السرية المتعلقة بالتطور البشري؛ وهي معلومات لا يحصل عليها إلا عدد قليل من الأشخاص ولا تصل إلى عامة الناس.

كان لأنبياء الله تعالى قبل ميلاد المسيح عيسى عليه السلام قوسٌ، وقد ساهموا جميعًا في المعرفة الكونية. يُمثل المسيح عيسى عليه السلام اكتمال العقل الكوني؛ ففيه اكتمل القوس، وهو اكتمال الدائرة (الفهم الكوني). الكأس الحقيقية للمسيح عيسى عليه السلام هي الفهم الكوني؛ وتُسمى الدائرة الكاملة أحيانًا بهالةٍ لإخفاء قيمتها الحقيقية. يُصوّر صانعو الأفلام والكنيسة أحيانًا كأس المسيح على أنها كأس، لكن الدلالة الوحيدة للكأس هي حافتها المستديرة، فالشرب من الكأس يمنح الحياة بوفرة.

من الممارسات الرمزية المعروفة للكنيسة، والتي تُخفيها
طقوس "دخان" السرية، طقوس المناولة الكنسية؛ إذ
ترمز الرقاقة المستديرة إلى المعرفة الكونية. يمارس ملايين
الناس هذه الطقوس دون فهم، فالفهم بالغ الأهمية.
إن التاج المستدير المصنوع من الجواهر الثمينة الذي يرتديه
الملك يرمز إلى المعرفة العالمية وقيمتها للتنمية البشرية.

بدأ الوحي بآدم وانتهى بالنبي محمد. النبي محمد هو خاتم الأنبياء، وخاتم الوحي؛ وقد أنزل عليه القرآن الكريم كاملاً، وهو دليل مفصل ومؤكد لما أُنزل سابقاً على يد الأنبياء. القرآن الكريم كاملاً هو المعجزة.

رحمة الله على جميع الأنبياء

ملاحظة: استخدم المخادعون القدماء تهجئة الكلمات لإيصال رسائل خفية؛ فكلمة "هولي" تُستخدم للإشارة إلى أن الكتب المقدسة القديمة كانت مليئة بالثغرات عمدًا. أما "القرآن الكريم" فليس كذلك؛ بل هو الكتاب الكامل!

فهم

الملك: شخص مثل الملك أو الملكة، وهو رئيس الدولة، عادةً بالحق الوراثي مدى الحياة، وتتراوح سلطاته من سلطات الحاكم المطلق إلى السلطات المحدودة دستوريًا.

(مونارك (أصل مان آرك

إن معرفة أصل الكلمات تساعد على فهم غرضها ومعناها الأصليين، ويمكن أن تكون مفيدة للغاية.

الهرم والتنمية البشرية

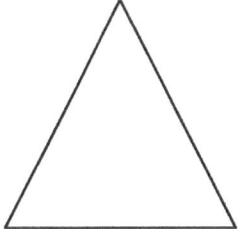 

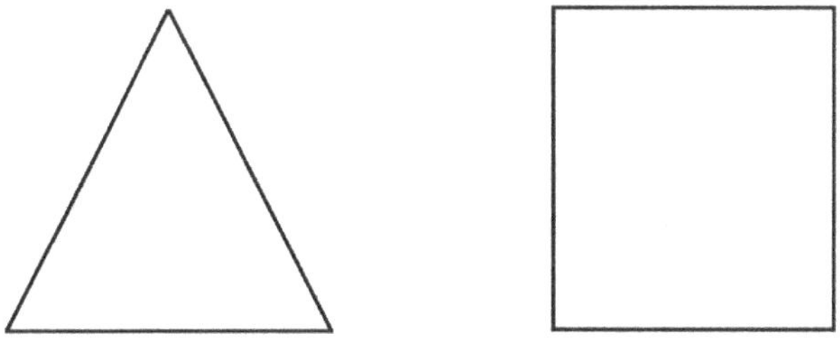

الهرم رمزٌ عظيم؛ المعرفة والبصيرة اللتان يرمز إليهما هذا الرمز أعظم بكثير مما يدركه معظم الناس، حتى من يظنون ذلك. يمكن العثور على هذا الرمز في جميع أنحاء العالم، وقد نجده أحيانًا على عروش الملوك والملكات. في كل مدينة تقريبًا، يوجد مبنى واحد على الأقل يعلوه هرم. المسلة في مصر هرمٌ مُصغّرٌ للمساحة؛ ونصب واشنطن التذكاري مسلة (هرم). لماذا هذا الرمز شائعٌ جدًا في العالم؟ لأنه عند فهم الهرم فهمًا كاملًا، فإنه يحمل معرفةً وبصيرةً عظيمتين للتنمية البشرية.

يمكن تلخيص نسبة كبيرة من القصص الرمزية في الكتاب المقدس في هذا الرمز العظيم، لأن الهرم يرمز إلى التطور البشري، كما أنها تمثله. يمثل الهرم المراحل الثلاث للتطور البشري: الجسدي، والأخلاقي، والعقلاني. ويمثل المربع في قاعدة الهرم (أضلاعه الأربعة المتساوية) وحدة الثلاثة والتنوير الروحي (الأربعة الكونية). ومن الأمثلة الجيدة في الكتاب المقدس قيامة المسيح يسوع، وأيام دفنه الثلاثة؛ فهي تمثل رمزيًا تطوره في المراحل الثلاث للتطور البشري، ويمثل الحجر الدائري الذي يُدحرج بعيدًا وصول المسيح إلى المعرفة الكونية. وتمثل الأربعون يومًا في البرية تطور المسيح إلى فهم الأربعة الكونية والتنوير الروحي؛ ويعطينا الله القدير خير مثال على قيمة الثلاثة في رحم الأم.

يمرّ الطفل بثلاث مراحل من النموّ ليصل إلى الولادة والوعي. عندما نقرأ قصة حياة المسيح يسوع، نجد أن الرقم الأكثر تكرارًا فيها هو ثلاثة، لذا يجب أن نتأمّل في ذلك.

الأرقام هي المفتاح

ليست الأرقام فحسب مفتاحًا، بل اللغة أيضًا مفتاحٌ لحفظ البصيرة العظيمة وإخفائها. في ثقافتنا، تُستخدم الأرقام واللغة كوسيلةٍ لربط المعرفة القيّمة وإخفائها. يجب أن نكون دقيقين جدًا في استخدام اللغة وعلاقتها بالأرقام فيما يتعلق بالتطور البشري.

من القصص المعروفة في الكتاب المقدس قصة إطعام المسيح خمسة آلاف شخص بخمسة أرغفة وسمكتين، وبقايا اثنتي عشرة سلة من القطع. وتضيف القصة أنه خلال الساعة الرابعة من السهر، شوهد المسيح ماشيًا على الماء؛ ومفتاح فهم هذه القصة يكمن في الأعداد. إن إطعام خمسة آلاف شخص لا يتعلق بالطعام المادي، بل باستدعاء من المسيح. تمثل أرغفة الخبز الخمسة قيمة التفكير المشترك، بينما ترمز السمكتان إلى قيمة التوازن، وترمز السلال الاثنتي عشرة إلى الفهم الشامل، ورؤية المسيح ماشيًا على الماء خلال السهر الرابع (هي دخول المسيح إلى الاستنارة الروحية (الأربعة الشاملة.

عندما نفكر في الحكمة والبصيرة، غالبًا ما نتوقع معرفةً معقدةً وعميقةً، لكن العكس هو الصحيح. المعرفة القيّمة للإنسان هي فهم التطور البشري. أن نعرف قيمة التفكير السليم، وقيمة التوازن، والمراحل الأربع المؤدية إلى الاستنارة الروحية، معرفةٌ بسيطةٌ جدًا لكنها فعّالة.

أعلم أن هذه التفسيرات قد يصعب على البعض قبولها. ولأن عامة الناس قد ضلّلوا أنفسهم لفترة طويلة، يصعب عليهم قبول معلومات مبنية على تفكير واقعي بشأن المعجزات الحقيقية للكتاب المقدس. أعلم أن هذه المفاهيم قد تمر مرور الكرام على البعض، وسيُرفضها البعض باعتبارها مستبعدة. لكن هذه هي الحقيقة.

يجب علينا أن نفهم أن نوايا المحتالين من خلال نشر المعلومات المضللة ليست التنوير بل (التنوير ثم التنوير).

عندما نفكر في أنبياء القدماء وكتاباتهم المقدسة،
نميل إلى توقع معجزات تتجاوز واقع اليوم، لكن الحقيقة
هي أن الواقع (النظام الطبيعي) الذي نعيش فيه هو
نفسه واقع ما قبل ألفي أو ثلاثة آلاف عام. كانت تعاليم
الأنبياء آنذاك تتناول مشاكل يومية، وحلولاً واقعية.
تتكون جميع الأديان من طقوس تستخدم
للحفاظ على معرفة التطور البشري.

ملاحظة: الصلاة هي طاعة لإرادة الله، وهي
مهمة جدًا لتنمية الروح الإنسانية.

في ديننا الإسلامي، نتوضأ قبل الصلاة، ونغسل اليدين والقدمين ثلاث مرات في كل مرة. صلاة الصبح ركعتان، وصلاة العصر ركعتان، ثم استراحة، ثم ركعتان إضافيتان، ليصبح المجموع أربع ركعات. وينطبق الأمر نفسه على صلاة العشاء، وصلاة المغرب ثلاث ركعات، وهذه الصلاة تُفضي إلى آخر صلاة في اليوم (صلاة العشاء) أربع ركعات. يصلي المؤمن خمس مرات يوميًا، ويقوم دين الإسلام على خمسة مبادئ، ويُفرض على المسلم صيام ثلاثين يومًا في رمضان.

إن معرفة وفهم مفاتيح النمو البشري أمر بالغ الأهمية، إذ يجب على الشخص أن يفهم أهمية التوازن والتفكير السليم والمراحل الثلاث للتنمية البشرية التي تؤدي إلى التنوير الروحي.

فهم

المعرفة العالمية بالغة الأهمية للتنمية البشرية والحفاظ على التراث الثقافي. تستند معظم ثقافات العالم إلى معارف سرية حول التطور البشري. ومن الأساليب الفعّالة المستخدمة للحفاظ على المعرفة المتعلقة بالتطور البشري العمارة العالمية. فعندما ندرس أبنية العالم البارزة، بدءًا من الأهرامات العظيمة والمسلات المصرية، ندرك الأهمية التي أولتها الأجيال الأولى للحفاظ على المعرفة المتعلقة بالتطور البشري، وكيف استُخدمت العمارة كأداة مهمة. وقد تبنى بعض البنّائين والمصممين، الذين ساروا على خطى بناة الماضي العظماء، أساليبهم في استخدام الرمزية في تصاميمهم المعمارية، ودمجوا الرمزية المشفرة للتطور البشري في جميع هياكلهم، .كوسيلة للحفاظ على المعرفة القيّمة للأجيال القادمة

اشتهر أتباع الهيكل بتصميم هياكل مليئة بالمعرفة المشفرة. وقد حيّر أحد هياكلهم الباحثين عن المعرفة لقرون؛ وهو هيكل دائري الشكل بفتحات مقوسة الشكل حول جزئه السفلي، ويُسمى "برج الحجر" ويقع في نيوبورت، رود آيلاند. يحمل هذا الهيكل بصيرة عميقة. وعندما تُوضع قبة دائرية فوقه، تُصبح مألوفة للغاية، ويمكن رؤيتها في عدد لا يُحصى من المباني، بما في ذلك عاصمتنا. إنه رمز للمعرفة الكونية. صُممت معظم الهياكل التاريخية للحفاظ على المعرفة المتعلقة بالتطور البشري؛ في تصميماتها الداخلية المقوسة العظيمة، ونوافذها المقوسة، وقبابها الدائرية، وواجهاتها المشفرة. تُعد العمارة أداة قوية يستخدمها أصحاب البصيرة للحفاظ على المعرفة المتعلقة بالتطور البشري.

لا يقتصر هذا الحفظ على المباني العظيمة في العالم
فحسب، بل هو شائع أيضًا في مجتمعاتنا. ومن الأمثلة الجيدة
على ذلك برج الكنيسة؛ فهو في الواقع نسخة مصغرة من المسلة
العظيمة. وتنتشر نسخ لا حصر لها من المسلة، لا سيما في المباني
الشاهقة؛ حيث صُممت العديد من المباني لتبدو مثل المسلة
من بعيد. هذا الرمز العظيم للتطور البشري هو في الواقع هرم.
الهرم وقوس المعرفة العالمية متأصلان في جميع أنحاء الثقافة
العالمية. إن الحفاظ على المعرفة أمر بالغ الأهمية؛ والعمارة
دليل راسخ ودائم للتطور البشري، وحفظ للأجيال القادمة.

استيقظ

الخطة القديمة لقتل دور الرجل تُنفَّذ بكامل طاقتها، وهي مؤامرةٌ دُبِّرت منذ آلاف السنين في عهد الفريسيين (لقتل الصبي)، للقضاء على دور الرجل المتمثل في القوة والحماية والقيادة. لا يزال مُدبِّرو الكذب وتدمير البشرية يتآمرون لقتل الصبي.

لقد استخدم المتآمرون الأشرار منذ قرون استراتيجية قتل الدور الذكوري كوسيلة للسيطرة.

"استيقظ"

الفهم العالمي: قبول أن الله خلق السماوات والأرض بتوازن
وعدل وقانون التطور الرائع، وأنه أرسل الأنبياء لتأكيد
ودعم التطور البشري والطموح من خلال العلم والإيمان
والعقل السليم، وأن حكمه ثابت على الأرض والكون.

فهم!

عند دراسة
لغة التنمية البشرية
يجب أن تتذكر ذلك
اللغة تتطور.

عندما يكون الإنسان في شك
من المعلومات المتعلقة
السلوك البشري والتنمية
يمكنهم دائمًا الوثوق بالفطرة السليمة
للاتجاه.

فهم!

العلم يبحث عن
ما وجده الإيمان للآلاف
منذ سنوات مضت،
الله حقيقي.

THE
CODE
IS FROM
ALLAH

ABID SHAKIR

الكود من الله

يستكشف هذا المنشور شفرة الأعداد من خلال التسلسل الطبيعي. كما يستكشف كيف اكتشف الإنسان القديم هذه الشفرة من خلال ملاحظة النظام الطبيعي وحركة الخلق. كان أحد أهم جوانب الخلق بالنسبة له هو تركيب جسده، وكيف يوجد التسلسل الطبيعي خارج ذاته وداخلها؛ فأدرك أن الله واحد، وأنه أصل كل شيء، وأن أول ترتيب للخلق هو التوازن.

فهم الكود

في المراحل المبكرة من تطور الإنسان، كان قادرًا على تحديد رمز في النظام الطبيعي للكون من خلال ملاحظة وفهم التسلسل الطبيعي. كان قادرًا على رؤية نظام رقمي أساسي؛ هذا النظام من التسلسل الطبيعي متجذر في أساس الخلق، وهو من الله تعالى. لقد فهم الإنسان وقبل أن الله واحد؛ وأن كل الخلق خاضع لحكمه. كان الإنسان قادرًا أيضًا على رؤية وفهم قيمة الزوج من خلال ملاحظة أمثلة مثل الشمس والقمر وكيف يعملان معًا، مثل الزوج والزوجة؛ وكيف أن اجتماع الاثنين غالبًا ما يعني ولادة ثلاثة. ومن خلال النظر إلى تكوين جسده وكذلك أجزاء أخرى من الخلق، كان الإنسان المبكر قادرًا على رؤية نظام أساسي للأرقام؛ نظام قائم على النظام الطبيعي. هذا النظام من التسلسل الطبيعي يحدد الله على أنه الرقم واحد وبداية كل شيء؛ وبالتسلسل الطبيعي، يستطيع الأطفال تحديد الأرقام من

واحد إلى عشرة بناءً على الترتيب الطبيعي والتطور البشري.
وقد أدى هذا النظام من التسلسل الطبيعي لاحقًا إلى نشأة علم
الأعداد. وعند دراسة هذا النظام والبحث فيه، لا يمكن للمرء إلا
أن يجد دليلاً قاطعًا على أهميته الأساسية للنظام والنمو الطبيعي.

القانون والتنمية البشرية

مع تطور فهم الإنسان، أصبح الرقم ثلاثة هو الرقم الأكثر استخدامًا في الكود؛ وذلك لأن الرقم ثلاثة يمثل التطور البشري الأساسي. قال الله تعالى إنه خلق الإنسان في اليوم السادس، وفي ذلك اليوم كان الإنسان في حالته البدائية؛ كان محكومًا بالشهوة والعاطفة؛ وكان في ذلك الوقت بدائيًا، وكان لا يزال بحاجة إلى ثلاث مراحل أخرى من التطور لإكماله. كان بحاجة إلى تطوير بيئته الجسدية لاستيعاب الاحتياجات الجسدية الأساسية بشكل أفضل. كان لا يزال بحاجة إلى تحمل العديد من اختبارات القوة الأخلاقية والفهم من خلال التفكير العقلاني. كان بحاجة إلى التطور البشري الأساسي. كان بحاجة إلى التطور جسديًا وأخلاقيًا وعقلانيًا. ومن الأمثلة الجيدة على الكود ثلاثة والتطور البشري هو الطفل في الرحم؛ يكتمل الطفل بعد تسعة أشهر في الرحم. تمثل هذه الأشهر التسعة ثلاث مراحل من

النمو، والطفل الذي يولد اليوم بعد تسعة أشهر في الرحم يمثل التطور البشري الكامل. إذا تمكن المرء من تتبع نمو الطفل في الرحم بدءًا من السمكة مثل الحيوان المنوي، فسيشهد آلاف السنين من نمو الإنسان وتطوره المتسارع في فترة تسعة أشهر. لقد أدرك الأنبياء الأوائل وأصحاب الفهم أهمية الحفاظ على هذه المعرفة بالنمو البشري الأساسي. يمكن رؤية مثال جيد جدًا في قصة حياة المسيح يسوع، بدءًا من المجوس الثلاثة عند الولادة؛ وطوال قصة حياته، كان الرقم ثلاثة هو الأكثر شيوعًا، ولكن بقدر تواتر الرقم ثلاثة عند دراسة النمو البشري، فإنه ليس سوى تحضير لما سيأتي بعد ذلك؛ وهذا هو فهم الأربعة الكونية.

القانون العالمي والتنوير الروحي

تمثل الأربعة الكونية التنوير الروحي. وللوصول إلى الأربعة الكونية، يجب على الشخص أولاً أن يتطور جسديًا. فالشخص العادي لا يرغب في سماع الكثير عن البصيرة إذا كان بلا طعام أو مأوى، لذا فإن التطور الأول جسدي، ثم التطور التالي أخلاقي. من المهم جدًا أن يتوافق المفهوم الأخلاقي للشخص مع الفكر الواقعي، لأنه إذا لم تتوافق هذه المفاهيم الأخلاقية مع الواقع والتفكير العقلاني السليم، فلن يجد الشخص أبدًا التنوير الروحي؛ وهذا لا يعني أن الشخص لا يمكن أن يكون جيدًا روحيًا لأنه يستطيع ذلك؛ ولكنه لن يصل أبدًا إلى التنوير الكامل، وإذا لم يكن لدى الشخص تفكير مشترك دائم، فسيكون تطوره مهددًا.

231

الرقم خمسة يمثل الحواس الخمس والحس السليم.

يُستخدم الرقم خمسة لتمثيل الحس السليم، لأنه نتاج تطور
الحواس الخمس. تُعد العملية العقلانية للتفكير السليم السليم
بالغة الأهمية، لأنها يمكن أن تتطور إلى حس بديهي. يشبه الحس
البديهي الحاسة السادسة؛ فالتنوير البديهي قوي جدًا، ويأتي
من الله القدير، ولا أحد يعلم كيف، إنه يأتي فقط بفكر عقلاني
واضح. عندما يتمكن الشخص من تطوير تفكير عقلاني واضح في
موضوع ما؛ إذا كان هذا الموضوع سيساعد الآخرين، وإذا كان
الشخص صبورًا ومثابرًا، يصبح البصيرة الحدسية ممكنة جدًا.
يمكن أن يؤدي العقل الواضح والمستمر إلى بصيرة حدسية.

الرقم ستة يرمز إلى الإنسان غير المتطور وتأثيرات الشيطان.
خطة الشيطان هي إيقاف التطور البشري الكامل؛ الإنسان
غير المتطور هو جن، تسيطر عليه الشهوة والعاطفة. يمكن
للعاطفة أن تؤدي بسهولة إلى الخطأ إذا افتقر الشخص إلى
الفهم. الإنسان في حالة جن يكون عرضة لتأثيرات الشيطان.

عندما يسعى الإنسان إلى التنمية البشرية الكاملة والطموح، يجب أن يكون واعيًا لتأثيرات الشيطان.

الرقم سبعة يرمز إلى الطموح الإنساني الكامل. الرقم سبعة يرمز إلى الامتلاء، (مثال) سبع طبقات من الجلد على الجسم، سبعة بحار تُشكل جميع محيطات الأرض، سبعة أيام في الأسبوع، سبعة أطياف من الضوء.

يمثل الرقم ثمانية بدايات جديدة، عندما يتمكن الإنسان من تحقيق طموحاته الإنسانية الكاملة فهذا يوم جديد، ويمثل الرقم تسعة الإكمال؛ التنمية البشرية الكاملة.

الرمز العاشر هو الوعي، حيث يصل تطور الشخص إلى مستوى من الاكتمال ويصبح الشخص واعيًا لدوره كخادم لله ولصالح البشرية.

القانون العالمي والنظام الطبيعي

في العالم الطبيعي، يُعطينا الله أمثلةً عديدة على قيمة الاثنين. من الأمثلة على ذلك اليسار واليمين، والشتاء والصيف، والذكر والأنثى، إلخ... ينشأ هذا الثنائي في العالم الطبيعي ويستمر في عالمنا وفي الكتب المقدسة؛ ومن الأمثلة في الكتب المقدسة قابيل و»قادر«؛ ويمثل هذا المثال الحاجة إلى التوازن. فكلمة "قابيل" تُوحي بحاجته إلى عصا ليدعمها، بينما "قادر" هي عكس ذلك. ومن أشهر القصص في الكتب المقدسة قصة نوح والسفينة وقيمة الاثنين (الزوجين). يُجسّد ليوناردو دافنشي، في لوحته الشهيرة للطفلين، فهمه للزوج وأهميته للتوازن والتطور البشري. قد يتساءل المرء: كيف عرفتَ أن هذا ما قصده دافنشي؟ للزوجين مكانةٌ عليا في الخلق؛ فكل شيء في الخلق قائم على الزوج.

234

الزوجان لا يُعلى عليهما إلا الله؛ وإن لم يكن هذا ما قصده دافنشي في لوحته للطفلين، فإن ما أنسبه إليه أعظم مما كان يصوّره، لكنني متأكد من أن قيمة الزوج هي ما قصده عندما ننظر إلى الطفل في رحم أمه نرى ثلاث مراحل من التطور الأساسي؛ بعد الولادة يكون التطور البشري الأساسي جسديًا وأخلاقيًا وعقلانيًا.

ثم ينتقل الثلاثة إلى الأسرة والمجتمع والحكومة، ويستمر في التطور في العلم والإيمان والعقلانية؛ ولكن على الرغم من قوة الثلاثة في التطور البشري، إلا أنها ليست سوى تحضير لما سيأتي لاحقًا، وهو الاستنارة الروحية؛ التي تحدث عندما يتمكن الشخص من الجمع بين التطورات الثلاثة الأساسية دون تعارض. عندها يتمكن الشخص من التطور إلى الأربعة الكونية. الأربعة الكونية هي وحدة الثلاثة والتنوير الروحي.

يصف بعض أهل المعرفة السرية تطور الأربعة الكونية بأنه قائم على المربع، ولكن مهما كان وصفه، فهو قوي جدًا ويأتي من الله. يجب على الإنسان أن يتمسك بالفطرة السليمة وأهميتها الجوهرية لإنسانيته، لأن قوى الدمار البشري ماهرة في تقويض الروح البشرية والتأثير عليها إلى أقصى الحدود.

فهم الكود في الأحداث اليومية

قد نميل إلى الاعتقاد بأن هذه القاعدة الكونية موجودة أساسًا في العالم الطبيعي والكتب المقدسة؛ هذا غير صحيح، فهذه القاعدة من البصيرة الكونية سائدة في الأحداث اليومية كما هو الحال في العالم الطبيعي، وهي موجودة في حركة الله. إن معرفة آياته ورؤيتها في الأحداث اليومية أمرٌ بالغ الأهمية؛ فبالإيمان، يسمح الله للإنسان برؤية حركته في الأحداث اليومية. هناك أناسٌ أقوياء لا يريدون أن يرى عامة الناس حركة خالقنا لأنهم يريدون أن يقودوا عامة الناس كالخراف السوداء إلى غضب الله؛ ويقولون: لا تقلقوا، هذا مجرد طقس سيئ، وسيزول؛ لكنهم يعرفون أكثر من ذلك، ويعرفون أيضًا كيف يمكن للغة أن تقوض الأساس العقلاني للروح البشرية، إنهم المتآمرون على البشرية. أعلم أنهم شجعوا معظمنا على

عدم الإيمان بنظريات المؤامرة. لا تنخدعوا، إنها موجودة؛ وأكثر أدواتهم فعالية هي اللغة السلبية وغير الأخلاقية.

اللغة السلبية وغير الأخلاقية في ثقافة معينة يمكن أن تؤثر على السلوك البشري وتقوض الروح الإنسانية.

بالإيمان والتفكر السليم، يُمكّن الله الإنسان من رؤية منهجه في التطور البشري وتوجيه طموحاته في وقائعه اليومية. الأرقام هي المفتاح، والمنهج ليس جديدًا على ذوي العقول.

كان المخططون العظماء لهذا البلد رجالاً يتمتعون ببصيرة عظيمة؛ لقد بذلوا قصارى جهدهم لترك بذور الفهم ليكتشفها فيما بعد رجال ذوو تفكير سليم، فالحس السليم مهم جدًا ولا يمكن تشريعه.

فهم القانون وعلاقته بالكتاب المقدس والتطور الطبيعي

كثيرًا ما يردد ذوو الفهم قصة داود وجالوت، فما السبب؟ لأن هذه القصة تحمل في طياتها رؤى ثاقبة في التطور البشري وقيمة الخمسة. يُحدثنا الله عن قيمة الخمسة؛ يكفي أن ندرس تركيب أجسامنا لندرك أهمية الخمسة وقيمتها في التوازن والحركة.

إن تنمية الإنسان هي غاية خلق عالمنا؛ ومن هنا تأتي أهمية خلقنا، فعلينا أن ندرك أن الله تعالى خلق الإنسان بجزء من روحه. علينا أن نحترم ذلك ونُقدّره. علينا أن نعلم أننا تاج الخليقة، وهذا ما أغضب الشيطان؛ فهو يغار من

خلقنا. وقد عاهد الشيطان الله على أن يُخطئه في تفضيله الإنسان عليه، لأنه كان ثاني الأئمة قبل خلق الإنسان.

الشيطان ليس عنصريًا ولا ماديًا، لكنه يستخدم كليهما لإثارة الانقسام وإسقاط البشرية. يُعتبر الشيطان روحانيًا في الغالب، كما يمتلك القدرة على المشي في أجساد البشر الراغبين.

أعظم ما يملكه الشيطان هو عدم تصديق الإنسان لوجوده في العالم الطبيعي؛ لا أعرف السبب، لأن كل شيء في العالم الطبيعي معجزة، يحتاج الإنسان العادي إلى الاستيقاظ والنضج وإدراك أن هناك جزءًا من الواقع لا نعرفه جميعًا؛ وهو ليس مخيفًا، بل حقيقي.

الشيطان عالم، ليس مجرد رجل صغير يحمل مذراة؛ إنه عالم، وتركيزه الأساسي كان، وما زال، على سقوط آدم. علينا أن نسأل أنفسنا: هل نريد أن نكون الجيل الذي يُسلم روح آدم؟ علينا أيضًا أن نفهم أن آدم لم يُخلق ليكون ملائكة؛ بل كان لله ملائكة عندما خُلق الإنسان، وخُلق آدم متوازنًا ليكون مستقرًا ماديًا وواعيًا أخلاقيًا؛ خُلق بدوافع الاجتهاد،

وخُلق لحرث الأرض، وخُلق لزراعة الكون (ليصبح إنسانًا كونيًا). على الإنسان أن يفهم هذه الحقائق، وأن يحذر من التطرف؛ فكل تطرف خير. كل شيء في العالم الطبيعي هو أمثلة وتوجيهات للإنسان ليتعلم منها (التوازن هو الأساس).

لقد تسبب سوء فهم التقوى في الكثير من المتاعب للإنسان، فلا يمكن للإنسان أن يكون جيدًا جدًا للدفاع عن نفسه، ولا يمكن أن يكون جيدًا جدًا للزواج وإنجاب الأطفال، ولا يمكن العثور على هذه الأمثلة في أي مكان في العالم الطبيعي. ليس من الطبيعي أن نقول إن امتلاك زوج وأطفال ليس أمرًا جيدًا؛ عندما نفعل أشياء غير ما شرعه الله لنا، فإننا نتجه إلى التطرف ونفقد توازننا؛ لن يدوم غير الطبيعي أبدًا في عالم طبيعي. لا يمكن تغيير إرادة الله، ولكن يمكننا جلب المشقة على أنفسنا بالمحاولة. يجب أن نفهم أيضًا أن الإنسان لم يُخلق للجلوس والقيام بالطقوس طوال اليوم. لدينا وظيفة يجب القيام بها؛ مهمتنا هي تنمية الكون، لكننا نحتاج إلى الحس السليم للحماية من التطرف. خطة الشيطان هي تقويض التطور الأساسي للإنسان. استخدام الشهوة والشهوة (ستة) لتقويض الإنسان على جميع مستويات التطور البشري

الأساسية الثلاثة، ولإرجاعه إلى مستويات الشهوة والفجور (الجن) لإبعاده عن حماية الله. لا يريد الشيطان أن يفهم الإنسان أن هناك معركة يومية على روحه؛ روح آدم.

قال الله تعالى إنه خلق آدم ووضعه في جنة؛ وعندما ننظر إلى عالمنا بمحيطاته ونباتاته وأشجاره الجميلة، ونقارن عالمنا ببقية الكون، يمكننا أن نرى بوضوح أن الأرض هي حديقة، حديقة مصممة لتعليم آدم قيمة التوازن وسقوط التطرف.

الطموح الإنساني

التنمية البشرية

الأنبياء الأوائل

والكود

لا يريد الشيطان للإنسان أن يبلغ كامل طموحاته الإنسانية. لا يريد له الاستقرار المادي، ولا الوعي الأخلاقي، ولا التعليم، ولا الراحة السياسية، ولا الإيمان، ولا الاستنارة الروحية، ولا السلام، ولا الجنة.

تصف صناعة السينما الطموحات الإنسانية الكاملة بـ «السبعة الرائعون». أدرك بناة تمثال الحرية أهمية الرقم سبعة في علاقته بالتطور البشري والطموح. ويُقال إن الرمز سبعة مُدمج في بناء تمثال الحرية، كرمز للطموح الإنساني الكامل، وأهميته في التطور البشري.

الرمز التاسع مهمٌّ جدًا في التنمية البشرية. لقد زرع آباؤنا بذور الرمز في ثقافتنا عبر العديد من الألعاب والقصص الخيالية، وغيرها، ككنوز ثقافية يجدها أصحاب العقول؛ أما الرمز التاسع فيعني الاكتمال عند دراسة النصوص المقدسة وتطور الإنسان، تُعدّ الأرقام أساسية، ولكن بعض أرقام الشفرة أكثر شيوعًا من غيرها؛ فالشفرة الخمسة شائعة لأن الحس السليم مهم جدًا فيما يتعلق بالتطور البشري؛ فقد التقط داود خمسة أحجار من الماء، واستخدم

المسيح عيسى خمسة أرغفة من الخبز لإطعام خمسة آلاف شخص، ونزل النبي موسى من قمة الجبل حاملًا لوحين وخمس وصايا على كل لوح. وفي غزوة أحد، أمر النبي محمد صلى الله عليه وسلم خمسين راميًا بالصعود إلى قمة التل، موصيًا إياهم بأمرٍ حازم: "لا تغادروا مواقعكم" (لا ينبغي المساس بالحس السليم). لفهم النصوص المقدسة فهمًا كاملًا، يجب أن تفهم قيمة الشفرة، (لأن جزءًا كبيرًا من المعرفة محفوظ فيها (الأرقام هي الأساس.

في التاريخ الحديث، اكتشف رجالُ الشفرة واستخدموها. هذه الشفرة ليست لهم، بل هي من الله. إن الاعتقاد بأنها من البشر يُقلل من قيمتها. ويمكن رؤية دليل قيمتها في جميع أنحاء الخليقة؛ من نظام الجينات البشرية الأساسية إلى أساس المادة، فإن شرائع الله تعالى هي أساس الخلق.

في التاريخ الحديث، اكتشف رجالُ الشفرة واستخدموها. هذه الشفرة ليست لهم، بل هي من الله. إن الاعتقاد بأنها من البشر يُقلل من قيمتها. ويمكن رؤية دليل قيمتها في جميع أنحاء الخليقة؛ من نظام الجينات البشرية الأساسية إلى أساس المادة، فإن شرائع الله تعالى هي أساس الخلق.

فهم

عندما يتوافق العقل البشري مع النظام الطبيعي، تصبح
البصيرة الحدسية غير محدودة. إحدى مشاكل بعض الناس
اليوم هي أنهم يتطلعون باستمرار إلى ما هو غير طبيعي بحثًا
عن التوجيه. والتوجيه موجود في الطبيعة. لماذا خلق الله كل
شيء وفقًا للنظام الطبيعي، ثم استخدم ما هو غير طبيعي
لتوجيه تطور الإنسان؟ عندما ندرس ممارسات أنبياء الكتاب
المقدس، فإن أحد الأشياء المشتركة بينهم هو أنهم كانوا
ينفصلون عن الناس ليكونوا على اتصال بالعالم الطبيعي،
وهناك، وجدوا فهمًا للتطور البشري، وهناك، حيث وُجد
القانون في الغالب. القانون من الله القدير، وبالإيمان والبصيرة
العقلانية يمكن رؤية القانون في الأحداث اليومية. يدرك
المتآمرون على الإنسانية هذه الحقيقة، فهم لا يريدون أن يدرك
عامة الناس مدى قربنا من خالقنا ومدى وضوح حقيقته.

لقد حان الوقت لزيادة فهمنا للدين من خلال فهم الدور الحقيقي للأنبياء وفهم قيمة النهج السليم لما تم الكشف عنه من خلال الأنبياء والنظام الطبيعي واللغة المشفرة والأرقام هي المفتاح لفهم البصيرة للمعرفة الموحاة.

الأرقام اثنان، ثلاثة، أربعة، وخمسة هي الأرقام الأكثر استخدامًا لفهم قانون التطور البشري، لكن الرقم أربعة هو الأفضل. إن النمو إلى الرقم أربعة الكوني أمرٌ بالغ الأهمية. يحتاج الشخص إلى التطور عبر المراحل الثلاث المؤدية إلى الرقم أربعة الكوني، وهي الاستقرار المادي والجسدي، والوعي الأخلاقي، والبصيرة العقلانية؛ والمفتاح هو الجمع بين هذه التطورات الثلاثة دون تعارض. يجب أن تتفق رغباتك ومكاسبك المادية والجسدية مع الوعي الأخلاقي السليم، ويجب أن تتفق مفاهيمك الأخلاقية مع التفكير العقلاني الواقعي. عندما يتمكن الشخص من الجمع بين هذه التطورات الثلاثة دون تعارض، يمكن للشخص حينئذٍ أن ينمو إلى الرقم أربعة الكوني (التنوير الروحي). شاهدتُ مؤخرًا فيلمًا عن هذا التطور، عنوانه "أنا الرقم أربعة". كان للممثل في الفيلم قوة خارقة؛ كانت قوته في كرة مستديرة من النار. يمكن للشخص العادي أن يتعلم الكثير من

مشاهدة الأفلام إذا استطاع فهم رسالتها السرية. فقد اعتمدت صناعة السينما شفرة الأرقام من الكتب المقدسة منذ عقود.

عندما أشاهد الأفلام التي تم صنعها في بداية صناعة الأفلام أستطيع أن أرى بوضوح الرمز، الرمز ليس لهم، رمز الأرقام هو من النظام الطبيعي، الرمز هو من الله تعالى.

إن فهم الأربعة الكونية معرفة قوية جدًا. في الكتب المقدسة المبكرة، يُعبر عن الرقم أربعة في الأربعين عامًا التي قضاها موسى في البرية، والأربعين يومًا التي قضاها المسيح في البرية، وخلال الهدية الرابعة عندما شوهد المسيح ماشيًا على مياه (التنوير الروحي). كل هذه الأربعة تدور حول الأربعة الكونية وتطور الأنبياء إلى هذا الفهم. أعلم أن هذا الفهم للكتاب المقدس قد يكون مزعجًا للأشخاص الذين تدربوا على توقع ما هو خارق للطبيعة، لكن هذه هي الحقيقة، والرجال ذوي الفهم يعرفون أن هذا حقيقة. لا يمكن للإنسان أن يجد قانون النظام الطبيعي إلا عندما تكون عقولهم متوافقة مع النظام الطبيعي، وعندما يكون العقل البشري متوافقًا مع النظام الطبيعي، يمكن أن تكون بصيرته وفهمه أو خلقه غير محدودين، والمتآمرون ضد

البشرية يعرفون ذلك، ولهذا السبب يدفعون بطريقة التفكير غير الطبيعية المشوهة ويمكن تتبع هذه المؤامرة ضد البشرية إلى أجيال؛ استيقظ. المتآمرون على البشرية أذكياء للغاية، يعلمون أن مفتاح التطور البشري الجيد هو التوازن؛ لذا فإن ما يفعلونه هو التطرف. ما يجعلهم مؤثرين للغاية هو أنهم يغيرون هويتهم كثيرًا. قد تراهم أحيانًا معارضين لمعتقداتك؛ وأحيانًا أخرى تراهم أصدقاء. خدعتهم هي أنهم مهما بدا موقفهم، فإنهم يدفعونه إلى أقصى الحدود. يستخدمون عواطفك ضدك، على سبيل المثال؛ إذا كان لديك قائد قد رحل، فسيشجعونك على جعله صرحًا للعبادة، مع علمهم أن ذلك يتعارض مع ما رسمه الخالق لك. هذه خدعة قديمة، وقد استُخدمت من قبل. استيقظ، افهم، وانظر.

فهم

هل من الممكن أن يمتلك الفرد بصيرة حدسية ولا يدركها؟

أود أن أؤكد لكم أنه من الممكن أن يكون لدى
شخص ما بصيرة حدسية، ولكنه لا يدرك ذلك.
تأتي البصيرة الحدسية فجأةً، وتعمل كمفاتيح المعرفة لأبواب
الفهم. ولكن، بدون قاعدة عقلانية تدعم الفكرة، لا يمكن بلوغ
البصيرة. إنها تأتي مع المعرفة العقلية، ويجب أن تُوازَن بالتواضع.
المعرفة قد تكون خطيرة ومدمرة دون درع
التواضع. قد تصبح خطيرة بسبب الغطرسة التي غالبًا
ما تصاحب المعرفة... مدمرة بسبب الغطرسة التي
قد تُحبط ما يسعى الفرد إلى تحقيقه... الذكاء.

أدعو الله أن يقدم هذا المنشور الفهم!

Abid Shakir

248

ملخص

إن هذا المنشور هو محاولة لشرح كيف اكتشف الإنسان
قانون الله تعالى في النظام الطبيعي، في وقت مبكر من تطوره؛
وكيف استطاع أن يرى قيمته باعتباره كنزًا للنمو البشري.

بدأ الإنسان يبحث عن سبلٍ لحفظ الشريعة، ومن
بينها زرع البذور، وهو مفتاحٌ للفهم الثقافي. ليس من
الصعب تصديق وجود شريعة الله في الطبيعة، بل يتطلب
الأمر إيمانًا لرؤية شريعة الله في حياتنا اليومية.

هذا المنشور شهادة على سعيي لتطوير وفهم وشرح رؤى
التطور الثقافي والبشري. التقسيم في هذا المنشور هو للفهم؛
فإذا فهمتَ هذا، فقد فهمتَ البصيرة الخفية لحكام العالم.

With The Allah, The Merciful Benefactor, The Merciful Redeemer

Certificate of:

Special Recognition Award

Muslim Convention 2006

Chicago Illinois

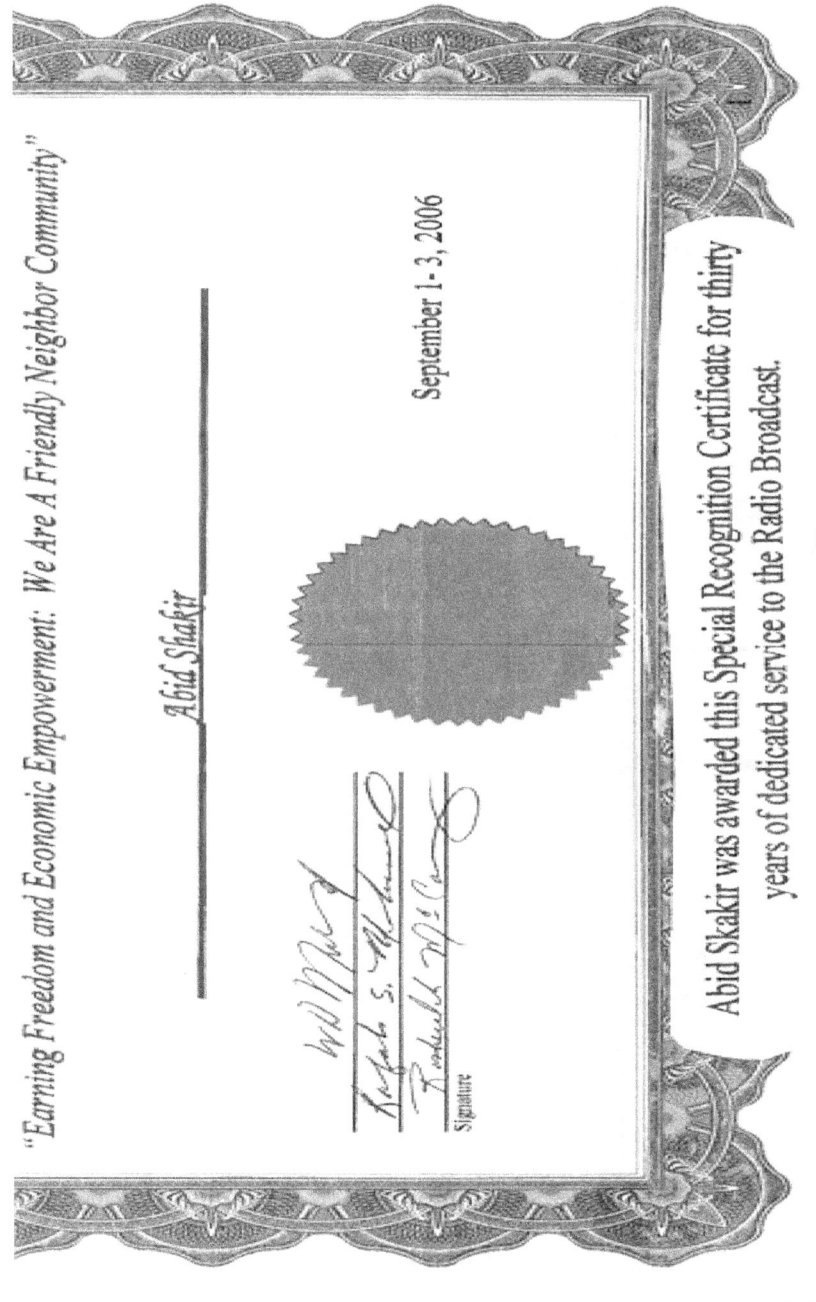

"Earning Freedom and Economic Empowerment: We Are A Friendly Neighbor Community"

Abid Shakir

September 1- 3, 2006

Abid Skakir was awarded this Special Recognition Certificate for thirty years of dedicated service to the Radio Broadcast.

Signature

251

www.ingramcontent.com/pod-product-compliance
Lightning Source LLC
Chambersburg PA
CBHW071721120626
46550CB00001B/331
9781967903733